深度学习的
驾驶意图识别

李敏　刘碧龙　著

化学工业出版社

·北京·

内 容 简 介

本书主要介绍了Python基础知识、信号处理基础、机器学习基础、深度学习的驾驶意图识别、驾驶意图人机融合。书中运用小波理论、小波包理论、主成分分析法等对信号进行处理，并通过Python实现；介绍了深度学习模型循环神经网络、LSTM模型；同时还介绍了输入脑电信号对驾驶意图识别的试验，识别后的驾驶意图可运用到自动驾驶领域，为保障行车安全提供借鉴。

本书可供信号处理、车辆工程、交通工程等领域的技术人员、编程人员阅读，也可供相关专业的师生学习参考。

图书在版编目（CIP）数据

深度学习的驾驶意图识别/李敏，刘碧龙著.—北京：化学工业出版社，2021.5(2024.1重印)

ISBN 978-7-122-38667-0

Ⅰ.①深… Ⅱ.①李…②刘… Ⅲ.①汽车驾驶-自动驾驶系统-研究 Ⅳ.①U463.8

中国版本图书馆CIP数据核字（2021）第040954号

责任编辑：陈景薇　　文字编辑：冯国庆
责任校对：李雨晴　　装帧设计：韩　飞

出版发行：化学工业出版社（北京市东城区青年湖南街13号　邮政编码100011）
印　　装：涿州市般润文化传播有限公司
710mm×1000mm　1/16　印张11¼　字数182千字　2024年1月北京第1版第2次印刷

购书咨询：010-64518888　　售后服务：010-64518899
网　　址：http://www.cip.com.cn
凡购买本书，如有缺损质量问题，本社销售中心负责调换。

定　　价：88.00元

前 言

传统交通安全研究中，主要以车辆状态和道路环境信息作为交通安全研究的主要因素。近年来，随着主动安全研究的深入，驾驶意图在主动安全控制中的关键作用被重视，驾驶意图识别逐渐成为交通安全的研究热点。深度学习的不断发展对驾驶意图的识别提供了有力的工具，为了更清晰、更深入地了解和掌握深度学习的驾驶意图的识别，本书从最基础的矩阵基础、信号处理基础、 Python 基础编程、驾驶行为及意图的发展等到深度学习的驾驶意图由浅入深地进行了讲解。

本书的主要特色在于：采用 Python 编程，运用信号处理技术对信号进行处理并分析，采用深度学习对驾驶意图进行识别，并把驾驶意图输入车辆 CAN 总线进行控制，实现人机融合。具体研究内容如下。

① 对 Python 的基础操作进行介绍，并通过示例进行编程展示，以便对基础的 Python 知识能更好地掌握并运用于后面的机器学习和深度学习的编程。

② 对信号处理基础进行了讲解，以便了解并掌握机器学习和深度学习中对信号的处理，并通过 Python 对本书中运用的小波理论、小波包理论等信号处理技术进行编程。

③ 对机器学习基础进行了介绍，以便后续对机器学习的模型理解，对机器学习的各种模型的原理进行了讲解，并运用 Python 编程来实现。

④ 运用小波理论和小波包理论等对脑电信号进行处理、分析并提取特征参数，提取的特征参数输入深度学习模型，对驾驶意图进行识别。

⑤ 对建立的深度学习的驾驶意图识别模型进行仿真验证，并对识别的驾驶意图转换为相应的指令控制车辆自动驾驶。

本书的出版得到了国家自然科学基金（No. 11874034），山东省泰山学者建设工程专项（No. ts201712054），山东省自然科学基金（ZR2019MEE072），工业流体节能与污染控制教育部重点实验室项目（背景噪声下小波包处理技术的深度学习声纹识别研究），教育部高等教育司“人因与工效学”产学合作协同育人项目（基于人因工程的“交通工程学”教研实践探索与创新）等资助，在此一并表示感谢。

最后，还要衷心感谢本书引用的参考资料的所有作者，感谢编辑对本书的出版所付出的努力，由于作者水平有限，书中难免有疏漏和不妥之处，恳请读者批评指正。

著者

目 录

第1章
绪 论

驾驶意图是指驾驶人在复杂的交通环境下，决定驾驶行为之前的意图。通过方向盘转角、车道偏离线的距离、车速、加速度、油门踏板移动距离、制动踏板移动距离或者脑电信号等作为输入数据，运用各种识别模型对驾驶人的意图进行识别。驾驶人意图的识别可以提前知道驾驶人的行为，为驾驶辅助、自动驾驶、交通管理部门提供安全，或者为残疾人提供辅助。

1.1 驾驶意图识别概述

人产生意图是一种思维活动，与人的意识有关。人在清醒的时候具有意识并发生思维活动，能够感知周围的事物，区别出不同事物的差别，对事物之间的关系能够理解，可以解决日常遇到的各种问题。它还包含一些不遵循物理规律的某些现象，具有一定的主观性，与意识主体的感受有关。大部分学者认同意识是大脑的功能表现，对人意识的分析可通过对人脑活动来解决。对于意识与脑的关系成为意识研究的中心课题，因此关键技术是对脑电信息的特征进行提取分析。脑电图（Electroencephalogram，EEG）研究已经成为热点研究领域之一。

驾驶意图识别就是根据驾驶人的动作来推断他的驾驶意图。研究驾驶人的行为与意图之间的关联，驾驶人产生意图的环节、驾驶意图的对象。

在传统的驾驶意图识别中，一般采用车辆行驶参数及驾驶人特性参数作为输入参数，由这些参数输入识别模型识别驾驶人的意图。

研究城市道路典型路段的行驶情况，包括普通路段及交叉口路段，主要有左转弯、右转弯、直行、换道，在这几种行驶特性下，综合驾驶人行为特征，对驾驶意图进行识别。

传统的驾驶意图识别的主要输入参数为车道线的检测、驾驶人头部的运动、驾驶人的眼动、车辆运行等参数。

在典型城市道路行车过程中，驾驶意图主要有跟驰、换道、左转弯、直行、右转弯。

针对驾驶意图机理进行研究并分析，通过驾驶模拟或者实车试验对车辆的行驶状况进行观察测量、记录，主要记录的参数为行驶速度、加速度、方向盘转角、踏板行程、眼动参数等。通过驾驶人的行为判断驾驶人的意图，驾驶人的行为通过这些参数表现，利用这些参数来判定驾驶人的意图，把这些参数的组合输入模型中，利用识别模型对驾驶意图进行分类。

1.2 驾驶意图识别研究现状

驾驶意图分类的算法，主要有神经网络模型、支持向量机模型和马尔科夫模型、贝叶斯学习、深度学习等。

国外对驾驶意图研究得比较早，对驾驶意图识别的探索性研究始于 20 世纪 30 年代中期。汽车制造技术的发展推动了驾驶意图识别的研究。很多研究机构开始将驾驶意图识别研究成果应用到汽车上，其中以日产公司、本田公司、福特公司、美国麻省理工学院和明尼苏达大学为代表。

驾驶意图识别方法主要有四类：基于特征参数的识别方法、模型识别方法、神经网络识别方法和决策类模式识别方法。

美国通用汽车开发了一种基于特征参数的识别方法。它是利用加速踏板变化率对驾驶意图进行识别来辅助换挡控制。德国博世公司将驾驶人制动意图应用在紧急制动辅助系统上。它包括正常制动与紧急制动，通过判断驾驶人对制动踏板的变化率和制动踏板的开度来识别出紧急制动工况。

模糊识别方法的特点可以解决非线性识别问题。模糊识别方法以模糊集合理论为基础，主要包括模糊化特征、模糊化推理、反模糊、建立隶属度函数。Ohashi 等应用模糊集合论提出了三层驾驶意图识别模型，来识别驾驶人左转、右转和直线行驶意图。

人工神经网络识别模型是模拟人的大脑组织提出来的，适合解决非线性的、非正态分布及不确定性问题。人工神经网络识别模型需要大量的操作数据进行训练。Murphy Li 等应用神经网络对驾驶意图和行驶工况进行识别，利用得到的驾驶意图与工况类型，应用动态规划算法计算出发动机和电池间的最优功率分配。

决策类识别方法主要基于概率统计，通过计算得到各个分类的特征向量并应用到识别分类中，是一种基于监督学习的模式识别方法。决策类识别方法主要有贝叶斯方法、聚类分析方法等。它是对研究的特征对象进行统计和判别，根据一定的学习算法将特征向量分为若干个分类。

C. C. Chang 等运用粒子群算法和量子粒子群最优化算法获得反馈增益控制器来实现驾驶辅助。Chiang Hsin-Han 等研究了在车辆超车时，通过嵌入式的数字信号处理器提供车辆间的信息交流，以防止车辆之间的碰撞，实现驾驶辅助。Tarek Taha 等使用部分客观性马尔科夫决策过程进行操作者意图识别，并将其应用到新型辅助轮椅驾驶系统中。Holger Berndt 认为总成道路交通事故可完全归结于人的错误行为，由于驾驶的操作失常导致交通事故的发生。Takuya Mizushima 采用隐马尔科夫模型结合概率统计理论对车辆方向盘偏转角度进行建模，并推测出驾驶人在车道偏离时的真实意图，对车辆转向系进行助力控制，保障驾驶人安全的同时尽可能地减少操纵疲劳，使用贝叶斯方法建立驾驶人意图估计模型也是目前研究的重点方向。Nguyen Van Dan 建立与驾驶人意图相关联的车辆运动估算模型，该模型采用贝叶斯网络建立，为避免在提高车辆运动估算精度的同时增加了干扰项，基于二位图像处理的实验学习系统采用自行获取 BN 概率性参数的方式在线优化。Vahidi 等指出目前很多制动辅助系统通过探测前后车的相对距离，运用于车辆自动控制和自适应巡航系统上。Labayrade 等构建了一个碰撞避免系统，该系统可以针对预先设计好的阈值对驾驶人发出警告或采取制动措施。

2013 年，Liebner、Martin 等在城市交叉口通过估计车辆速度对驾驶意图进行判断，通过跟车和转向行为的参数化模型方法推测驾驶意图，结合两个不同的贝叶斯网络分类器算法，评估以一般的曲率为基础的模型和以参数化为基础的模型的效能。另外，这个驾驶人模型也有能力预测将来的车辆轨迹。2013 年，Maghsood、Roza 和 Pär Johannesso 提出了一种方法，用侧向加速度信号对曲线进行检测，这个方法基于马尔科夫模型，它是一种概率模型，能有效地识别左右转弯。曲线侦察的例子用模拟的和测量的数据提出。分类结果表明这种方法能够识别左转和右转，并且有很小的错误率。

2015 年，Liebnera、Martin、Felix Klannerb 分析了在复杂的城市场景的风险评估的挑战和驾驶意图推论。2015 年，C. Rodemerk、H. Winner 和 R. Kastner 提出了在交叉口驾驶人转向的预测系统，通过车辆参数和驾驶人参数以及道路参数的整合作为输入参数，得出预测的结果。结果表明，任何类型的交叉口运用此方法对驾驶人转向的提前预测都能得出较好的效果。

国内对驾驶人的意图和驾驶辅助系统的研究还处于刚刚起步阶段。驾驶意图的识别很难给出数学模型，根据车辆行驶状态和驾驶人操作，结合行车经验做出判断。武汉理工大学的李岩对基于稀疏贝叶斯学习的不确定性数据处理方法进行了研究。江苏大学的刘志强研究分析了基于驾驶行为的车道偏离预警系统。储颖、肖献强等研究了基于驾驶行为及意图的汽车主动安全技术研究。秦洪懋研究分析了基于驾驶行为的车道偏离预警系统关键技术。宗长富等研究了汽车转向时驾驶意图的辨识及行为预测的研究。提出了基于隐马尔科夫模型和人工神经网络相结合的模型，对汽车转向时驾驶意图的辨识及行为进行预测。

清华大学的王玉海等根据实验数据建立了多输入单输出的模糊推理模型，对驾驶意图进行了离线识别验证。崔业杰对驾驶人操纵意图辨识方法进行了研究，利用加权系数的方法得到在不同路况条件下驾驶人操纵意图的量化数学表达式。长安大学的孙纯研究了基于驾驶人视觉的换道意图识别。李寿涛利用模糊识别方法对制动踏板的位置以及变化率进行了研究，对驾驶人紧急制动意图进行了识别。

驾驶意图和驾驶行为影响了行车安全状况，驾驶意图主要反映驾驶所希望的汽车的行驶路径、运行情况和驾驶人所要决策的操作行为。汽车辅助驾驶要根据驾驶人的意图情况对汽车的安全进行警告或提醒，这样才能不对驾驶人的操作行为产生干扰。

驾驶人的驾驶意图的目的是为了分清驾驶人在车辆安全行驶下的左转和右转，右转和直行，直行和左转的驾驶意图，这里的左转（或右转）是以驾驶人首次转动方向盘的时间为开始左转的时间，直到驾驶人把车辆摆正方向之后的行驶为直行行驶。对驾驶意图的识别为汽车辅助驾驶提供理论和实践支持。本书主要通过驾驶人在三种情况下的脑电活动来识别驾驶意图。通过脑电信号的特征提取，对驾驶人的意图进行识别。

研究驾驶意图主要是为了给交通安全提供保障，通过对驾驶意图的研究提前发现驾驶人的意图，为驾驶辅助功能提供理论和实践基础，并为将来智能驾驶的发展提供借鉴意义和理论支持。

1.3 深度学习概述

随着深度学习的不断发展，深度学习技术的很多优势被运用到很多领域，应用领域的范围越来越广，如大数据分析、语音识别、计算机视觉、驾驶意图识别、车道线检测、交通流预测等。

深度学习的概念由 Hinton 等于 2006 年提出。这一年，加拿大多伦多教授、机器学习领域的泰斗 Geoffrey Hinton 和他的学生 Ruslan Salakhutdinov 在《科学》杂志上发表了一篇基于神经网络深度学习理念的突破性文章《用神经网络降低数据的维数》(*Reducing the Dimensionality of Data with Neural Networks*)，文章提出了深度网络训练中梯度消失问题的解决方案。

早期的深度学习与神经科学有着非常密切的联系。深度学习可以看作是从生物神经网络中获得了灵感，可以提出抽象特征。

传统机器学习算法是在样本数据输入模型之前要进行人工特征提取的过程，然后通过算法更新模型的权重参数。经过这样的过程后，如果再有一批符合样本特征的数据输入模型中时，模型就能识别出预测结果。而深度学习算法不需要在样本数据输入模型前进行人工提取特征的过程，而是将样本输入模型后，模型会从样本中提取到基本的特征，然后随着模型的逐步深入，这些基本特征组合出更高层的特征。这时的特征还是很抽象的，简单的形状可以被进一步组合，随着模型越深入，这些简单特征转化为更加复杂的特征，这些特征开始具体化，看起来像一个更加容易看出来的东西。

深度学习提出以来，一些重要的成果证明深度学习算法具有自身提取特征的能力。2011 年，斯坦福人工智能实验室主任吴恩达带领 Google 的科学家们，模拟了人脑神经网络，并随机从 YouTube 上截取了 1000 万段视频，输入这个人脑神经网络，看看它能学会什么，结果在没有任何外界干涉的情况下，它自己识别出了猫脸。早期的深度学习受到神经科学的启发，但现在深度学习的发展并不仅仅拘泥于模拟人脑神经元和人脑的工作机理。

人工智能、机器学习和深度学习是具有包含关系的几个领域。人工智能的内容涵盖比较广泛，机器学习是在 20 世纪末发展起来的实现人工智能的一种重要的手段。而深度学习又是机器学习的一个分支。深度学习的发展解决了传统机器学习方法面临的问题，促进了人工智能领域的发展。

深度学习实践受到的启发来自数学和工程学科，它也和神经网络存在着一些渊源。人工神经网络简称神经网络或连接模型，是一种模仿动物神经网络行为的特征，进行分布式信息处理的数学算法模型。近代对于神经网络的研究，是从 1890 年美国著名心理学家 W. James 对人脑结构与功能的研究开始。1943 年，心理学家 W. S. McCulloch 和数理逻辑学家 W. Pits 建立了神经网络的数学模型，称为 M-P 模型。这个模型是按照生物神经元的结构和工作原理构造出来的数学模型。

为了更方便、大规模地深度学习神经网络，Google 公司在 Jeff Dean 的带领下于 2011 年启动了“谷歌大脑”项目，开发出第一代分布式机器学习框架 DistBelief，在公司内部大规模使用。在使用了 DistBelief 后取得了不错的成绩，但因为是第一代产品，本身还存在着不足。由于高度依赖 Google 内部的系统架构而没有开源，所以导致能够被分享的代码很少。

TensorFlow是由Google Brain的研究员和工程师基于第一代产品进行了改进而研发出来的第二代分布式机器学习框架。TensorFlow对深度学习的各种算法提供了友好的支持，被用于语音识别或者图像识别等机器深度学习领域。还有其他的一些主流深度学习框架，比如Caffe、Deepleaning4j、Microsoft Cognitive Toolkit、MXNet、Paddlepadle、Theano、Torch。

第 2 章

Python基础知识

Python是一种面向对象的、解释性的编程语言，同时也是一种功能强大而完善的通用型语言。Python代码简单易学，容易上手。Python是开源的，具有可移植性，Python程序无需修改便可以在很多平台上运行，包括Linux、Windows、FreeBSD、Solaris等。Python具有很强大的功能，处理复杂的3D图形，可以借助扩展模块轻松完成。

2.1 变量和简单数据类型

2.1.1 变量的命名和使用

在 Python 中使用变量的时候，需要遵守一些规则和指南。

① 变量名由字母、数字和下划线组成，不能以数字开头。

② 变量名不能包含空格，但是可以使用下划线来分隔其中的单词。

③ 不要将 Python 关键字和函数名用作变量名。

④ 变量名应既简短又具有描述性。

⑤ 慎用小写字母 l 和大写字母 O，很容易错看成 1 和 0。

2.1.2 字符串

字符串是一种数据类型，字符串就是一系列字符，在 Python 中，用引号括起来的都是字符串，可以用单引号，也可以用双引号，如下所示。

```
In [2]: "This is a string"

Out[2]: 'This is a string'
```

① 使用方法修改字符串的大小写。

可以修改其中单词的大小写，如下所示。

```
In [3]: name="ada lovelace"
        print(name.title())

        Ada Lovelace
```

在 print () 语句中，方法 title () 在 name 变量的后面用点连接，表示让 Python 对变量 name 执行方法 title () 指定的操作。title () 以首字母大写的方式显示每个单词，即将每个单词的首字母都改为大写。

还有其他的方法把字母全部改为小写，或把字母都改为大写。

In [4]:
```
name="Ada Lovelace"
print(name.upper())
print(name.lower())
```

```
ADA LOVELACE
ada lovelace
```

② 合并字符串。

有些情况，需要合并字符串。

In [6]:
```
first_name="ada"
last_name="lovelace"
full_name=first_name+""+last_name
print(full_name)
```

```
adalovelace
```

In [7]:
```
first_name="ada"
last_name="lovelace"
full_name=first_name+""+last_name
print("Hello,"+full_name.title()+"!")
```

```
Hello,Adalovelace!
```

2.1.3 使用制表符或换行符添加空白

空白泛指任何非打印字符，如空格、制表符和换行符。在字符串中添加制表符，可以使用字符组合\t，对比一下，如下所示。

In [8]:
```
print("Python")
```

```
Python
```

In [11]:
```
print("\tPython")
```

```
	Python
```

要在字符串中添加换行符，可使用字符组合\n。

In [11]:
```
print("\tPython")
```

```
	Python
```

In [12]:
```
print("Languages:\nPython\nC\nJavaScript")
```

```
Languages:
Python
C
JavaScript
```

也可以同时使用制表符和换行符。

```
In  [13]: print("Languages:\n\tPython\n\tC\n\tJavaScript")

          Languages:
                  Python
                  C
                  JavaScript
```

删除空白：Python 能够找出字符串开头和末尾多余的空白。可以使用方法 rstrip () 来确保字符串末尾没有空白，如下所示。

```
In  [21]: favorite_language='python '
          favorite_language

Out[21]: 'python '

In  [22]: favorite_language.rstrip()

Out[22]: 'python'
```

Python 中用 lstrip 删除开头的空白。

```
In  [24]: favorite_language=' python'
          favorite_language

Out[24]: ' python'

In  [25]: favorite_language.lstrip()

Out[25]: 'python'
```

2.2 数字

① 整数。

可以对整数执行加（+）减（−）乘（*）除（/）运算。

```
In  [26]: 3+2

Out[26]: 5
```

```
In  [27]: 3-2
Out[27]: 1

In  [28]: 3/2
Out[28]: 1.5

In  [29]: 3*2
Out[29]: 6
```

乘方运算和优先级运算。

```
In  [30]: 3**2
Out[30]: 9

In  [31]: 2+3*4
Out[31]: 14

In  [32]: (2+3)*4
Out[32]: 20
```

② 浮点数。

Python 将带小数点的数字称为浮点数，运算如下。

```
In  [33]: 0.1+0.1
Out[33]: 0.2

In  [34]: 2*0.1
Out[34]: 0.2
```

2.3 列表

列表由一系列按照特定顺序排列的元素组成，用方括号来表示列表，用逗号对每一个元素分隔，如下所示。

```
In  [35]: bicycles=['trek','cannondale','redline','specialized']
          print(bicycles)

          ['trek', 'cannondale', 'redline', 'specialized']
```

① 对列表的第一个元素进行访问。

```
In [37]: bicycles=['trek','cannondale','redline','specialized']
         print(bicycles[0])

         trek
```

② 修改、添加和删除元素。

修改、添加元素。

```
In [38]: 修改列表
         motorcycles=['honda','yamaha','suzuki']
         print(motorcycles)
         motorcycles[0]='ducati'
         print(motorcycles)

         ['honda', 'yamaha', 'suzuki']
         ['ducati', 'yamaha', 'suzuki']
```

```
In [39]: #在列表末尾添加元素
         motorcycles=['honda','yamaha','suzuki']
         print(motorcycles)
         motorcycles.append('ducati')
         print(motorcycles)

         ['honda', 'yamaha', 'suzuki']
         ['honda', 'yamaha', 'suzuki', 'ducati']
```

在列表中插入元素。

```
In [41]: #在列表中插入元素
         motorcycles=['honda','yamaha','suzuki']
         motorcycles.insert(0,'ducati')
         print(motorcycles)

         ['ducati', 'honda', 'yamaha', 'suzuki']
```

在列表中删除元素，删除列表中的第一个元素。

```
In [42]: #在列表中删除元素
         motorcycles=['honda','yamaha','suzuki']
         print(motorcycles)
         del motorcycles[0]
         print(motorcycles)

         ['honda', 'yamaha', 'suzuki']
         ['yamaha', 'suzuki']
```

方法 pop（）可以删除列表末尾的元素，并可以接着使用它。

In [43]:
```
#运用pop（）方法删除元素
motorcycles=['honda','yamaha','suzuki']
print(motorcycles)
popped_motorcycle=motorcycles.pop()
print(motorcycles)
print(popped_motorcycle)
```

```
['honda', 'yamaha', 'suzuki']
['honda', 'yamaha']
suzuki
```

In [45]:
```
motorcycles=['honda','yamaha','suzuki']
last_owned=motorcycles.pop()
print('The last motorcycle I owned was a '+last_owned.title()+'.')
```

```
The last motorcycle I owned was a Suzuki.
```

③ 对列表进行永久性排序：sort（）方法。

In [46]:
```
cars=['bmw','audi','toyota','subaru']
cars.sort()
print(cars)
```

```
['audi', 'bmw', 'subaru', 'toyota']
```

使用函数 sorted（）对列表进行临时排序。

In [48]:
```
cars=['bmw','audi','toyota','subaru']
print("\nHere is the original list:")
print(cars)
print("\nHere is the sorted list:")
print(sorted(cars))
print("\nHere is the original list again:")
print(cars)
```

```
Here is the original list:
['bmw', 'audi', 'toyota', 'subaru']

Here is the sorted list:
['audi', 'bmw', 'subaru', 'toyota']

Here is the original list again:
['bmw', 'audi', 'toyota', 'subaru']
```

④ 遍历整个列表。

运用 for 循环来打印列表中的所有元素。

In [49]:
```
magicians=['alice','david','carolina']
for magician in magicians:
    print(magician)
```

```
alice
david
carolina
```

⑤ 创建数字列表。

打印数字 1～4，用 range（）函数。

In [50]:
```
for value in range(1,5):
    print(value)
```

```
1
2
3
4
```

创建数字列表。

In [51]:
```
numbers=list(range(1,5))
print(numbers)
```

```
[1, 2, 3, 4]
```

⑥ 列表解析。

列表解析将 for 循环和创建新元素的代码合并成一行，自动附加新元素。

In [52]:
```
squares=[value*2 for value in range(1,11)]
print(squares)
```

```
[2, 4, 6, 8, 10, 12, 14, 16, 18, 20]
```

2.4 列表切片

① 选取列表的第一个元素到第三个元素。

In [54]:
```
players=['charles','martina','michael','florence','eli']
print(players[0:3])
```

```
['charles', 'martina', 'michael']
```

② 复制列表。

In [55]:
```
my_foods=['pizza','falafel','carrot cake']
friend_foods=my_foods[:]
print("My favorite foods are:")
print(my_foods)
print("\nMy friend's favorite foods are :")
print(friend_foods)
```

```
My favorite foods are:
['pizza', 'falafel', 'carrot cake']

My friend's favorite foods are :
['pizza', 'falafel', 'carrot cake']
```

③ 元组。

列表是可以修改的，有时候需要创建不可修改的元素，元组就是不可变的列表。元组和列表的表示方法不一样，它用小括号来表示。

In [56]:
```
dimensions=(200,50)
print(dimensions[0])
print(dimensions[1])
```

```
200
50
```

遍历元组中的所有值。

In [57]:
```
dimensions=(200,50)
for dimension in dimensions:
    print(dimension)
```

```
200
50
```

2.5 if语句

① 把 if 中的元素用大写字母表示，else 语句的元素以首字母大写的方式表示。

In [58]:
```
cars=['audi','bmw','subaru','toyota']
for car in cars:
    if car =='bmw':
        print(car.upper())
    else:
        print(car.title())
```

```
Audi
BMW
Subaru
Toyota
```

② 检查特定值是否包含在列表中。

In [59]:
```
requested_toppings=['mushrooms','onions','pineapple']
"mushrooms" in requested_toppings
```

Out[59]: True

③ 检查特定值是否不包含在列表中。

In [61]:
```
banned_users=['andrew','carolina','david']
user='marie'
if user not in banned_users:
    print(user.title()+",you can post a response if you wish.")
```

```
Marie,you can post a response if you wish.
```

④ for 循环中包含 if 语句。

In [62]:
```
requested_toppings=['mushrooms','green peppers','extra cheese']
for requested_topping in requested_toppings:
    if requested_topping =='green peppers':
        print("Sorry,we are out of green peppers right now.")
    else:
        print("Ading "+requested_topping+".")
print("\nFinished making your pizza!")
```

```
Ading mushrooms.
Sorry,we are out of green peppers right now.
Ading extra cheese.

Finished making your pizza!
```

2.6 字典

理解字典，可以对真实的物体进行建模。可以创建表示一个人的字典，然后在其中存储信息；有关人的各个方面的都可以。

① 创建一个简单的字典。

```
In [63]: alien_0={'color':'green','points':5}
         print(alien_0['color'])
         print(alien_0['points'])

         green
         5
```

字典是一系列的键-值对，键与值相关联，可以用键来访问它所对应的值。与键相连的值可以是字符串、数字、列表、字典。字典用花括号表示，里面是键-值对。

字典可以随时添加键-值对，要指定字典名、用方括号括起来的键和相关联的值。

```
In [64]: alien_0={'color':'green','points':5}
         print(alien_0)
         alien_0['x_position']=0
         alien_0['y_position']=25
         print(alien_0)

         {'color': 'green', 'points': 5}
         {'color': 'green', 'points': 5, 'x_position': 0, 'y_position': 25}
```

② 修改字典中的值。

```
In [66]: alien_0={'color':'green'}
         print("The alien is "+alien_0['color']+".")
         alien_0['color']='yellow'
         print("The alien is now"+alien_0['color']+'.')

         The alien is green.
         The alien is nowyellow.
```

```
In [67]: alien_0={'x_position':0,'y_position':25,'speed':'medium'}
         print("Original x_position:"+str(alien_0['x_position']))
         if alien_0['speed']=='slow':
             x_increment=1
         elif alien_0['speed']=='medium':
             x_increment=2
         else:
             x_increment=3
         alien_0['x_position']=alien_0['x_position']+x_increment
         print("New x_position:"+str(alien_0['x_position']))

         Original x_position:0
         New x_position:2
```

③ 遍历字典。

可访问字典 user _ 0 的任何一项信息，使用 for 循环可以遍历这个字典。

In [2]:
```
user_0={
    'username':'efermi',
    'first':'enrico',
    'last':'fermi',
}
for key,value in user_0.items():
    print("\nKey:"+key)
    print("Value:"+value)
```

```
Key:username
Value:efermi

Key:first
Value:enrico

Key:last
Value:fermi
```

④ 遍历字典中的所有键，用 key()方法进行访问。

In [3]:
```
favorite_languages={
    'jen':'python',
    'sarah':'c',
    'edward':'ruby',
    'phil':'python',
}
for name in favorite_languages.keys():
    print(name.title())
```

```
Jen
Sarah
Edward
Phil
```

⑤ 字典中存储列表。

In [1]:
```
pizza={
    'crust':'thick',
    'toppings':['mushrooms','extra cheese'],
}
print("You ordered a "+pizza['crust']+"-crust pizza"+"with the following toppings:")
for topping in pizza['toppings']:
    print("\t"+topping)
```

```
You ordered a thick-crust pizzawith the following toppings:
        mushrooms
        extra cheese
```

⑥ 在字典中存储字典。

In [4]:
```
users={
    'aeinstein':{
        'first':'albert',
        'last':'einstein',
        'location':'paris',
    },
}
for username,user_info in users.items():
    print("\nUsername:"+username)
    full_name=user_info['first']+""+user_info['last']
    location=user_info['location']
    print('\tFull name: '+full_name.title())
    print('\tLocation: '+location.title())
```

```
Username:aeinstein
        Full name: Alberteinstein
        Location: Paris
```

2.7 while 循环

前面的 for 循环用于针对集合中的每一个元素都一个代码块，while 循环不断地运行，直到条件不满足为止。

① while 循环语句。

In [5]:
```
current_number=1
while current_number<=5:
    print(current_number)
    current_number+=1
```

```
1
2
3
4
5
```

② 运用 while 让用户退出或继续。

In [1]:
```
prompt="\nTell me something,and I will repeat it back to you: "
prompt+="\nEnter 'quit' to end the program."
message=""
while message!='quit':
    message=input(prompt)
    print(message)
```

```
Tell me something,and I will repeat it back to you:
Enter 'quit' to end the program.Hello everyone
Hello everyone

Tell me something,and I will repeat it back to you:
Enter 'quit' to end the program.quit
quit
```

③ 使用 break 退出循环。

```
In [*]: prompt="\nPlease enter the name of a city you have visited"
        prompt+="\n(Enter 'quit' when you are finished.)"
        while True:
            city=input(prompt)
            if city=='quit':
                break
            else:
                print("I'd love to go to "+city.title()+"!")
```

```
Please enter the name of a city you have visited
(Enter 'quit' when you are finished.)QingDao
I'd love to go to Qingdao!

Please enter the name of a city you have visited
(Enter 'quit' when you are finished.)
```

使用 continue 语句，主要是返回到循环开头，根据条件决定是否进行循环，如下所示。

```
In [3]: current_number=0
        while current_number<10:
            current_number+=1
            if current_number%2==0:
                continue
            print(current_number)
```

```
1
3
5
7
9
```

④ 避免无限循环。

在这个例子中，如果没有“x+=1”这一句，那么程序会陷入无限循环。

```
In [4]: x=1
        while x<=5:
            print(x)
            x+=1
```

```
1
2
3
4
5
```

for 循环不能修改列表中的元素，而 while 循环可以修改列表中的元素，在遍历列表的同时可以修改列表的元素。

In [7]:
```
unconfirmed_users=['alice','brian','candace']
confirmed_users=[]
while unconfirmed_users:
    current_user=unconfirmed_users.pop()
    print('Verifying user:'+current_user.title())
    confirmed_users.append(current_user)
#显示所有已验证的用户
print("\nThe fellowing users have been confirmed:")
for confirmed_user in confirmed_users:
    print(confirmed_user.title())
```

```
Verifying user:Candace
Verifying user:Brian
Verifying user:Alice

The fellowing users have been confirmed:
Candace
Brian
Alice
```

⑤ 删除包含特定值的所有列表元素。

In [8]:
```
pets=['dog','cat','dog','goldfish','cat','rabbit','cat','rabbit','cat']
print(pets)
while 'cat' in pets:
    pets.remove('cat')
print(pets)
```

```
['dog', 'cat', 'dog', 'goldfish', 'cat', 'rabbit', 'cat', 'rabbit', 'cat']
['dog', 'dog', 'goldfish', 'rabbit', 'rabbit']
```

⑥ 使用用户输入来填充字典。

使用 while 循环提示用户输入信息。

In [*]:
```
responses={}
#设置一个标志，指出调查是否继续
polling_active=True
```

```
while polling_active:
    name=input('\nWhat is your name?')
    response=input("Which mountain would you like to climb someday?")
    #将答卷存储在字典中
    responses[name]=response
    #看看是否还有人要参与调查
    repeat=input("Would you like to let another person respond?(yes/no)")
    if repeat=='0':
        polling_active=False
#d调查结束，显示结果
print("\n---Poll Results ---")
for name,response in responses.items():
    print(name+"would like to climb"+response+".")
```

```
What is your name?huahua
Which mountain would you like to climb someday?taishan
Would you like to let another person respond?(yes/no)yes

What is your name?huahua

Which mountain would you like to climb someday?
```

2.8 函数

函数是带名字的代码块，可以完成具体的工作。调用函数就可以完成函数定义的特定的任务。

① 打印问候语的简单函数。

```
In [11]: def greet_user():
             print('Hello')
         greet_user()
```

```
Hello
```

函数调用的时候，每个实参都关联到函数定义中的形参。下面的例子显示宠物信息的函数，函数指出宠物属于哪种动物以及动物的名字。

```
In [15]: def describe_pet(animal_type,pet_name):
             print("\nI have a "+animal_type+".")
             print("My"+animal_type+"'s name is "+pet_name.title()+".")
         describe_pet('hamster','harry')
```

```
I have a hamster.
Myhamster's name is Harry.
```

② 结合使用函数和 while 循环。

In [1]:
```
def get_formatten_name(first_name, last_name):
    full_name=first_name+' '+last_name
    return full_name.title()
while True:
    print("\nPlease tell me your name:")
    print("(enter 'q' at any time to quit)")
    f_name=input("First name:")
    if f_name=='q':
        break
    l_name=input("last name:")
    if l_name=='q':
        break
    formatted_name=get_formatten_name(f_name, l_name)
    print("\nHello, "+formatted_name+"!")
```

```
Please tell me your name:
(enter 'q' at any time to quit)
First name:hua
last name:hua

Hello, Huahua!

Please tell me your name:
(enter 'q' at any time to quit)
First name:hi
last name:hi

Hello, Hihi!

Please tell me your name:
(enter 'q' at any time to quit)
First name:q
```

③ 在函数中修改列表。

当你把列表传递给函数的时候，函数就可以对列表进行修改。下面是一家为用户提交的设计制作 3D 打印模型的公司。把打印的设计存储在一个列表中，打印后移到另一个列表中，下面是不运用函数和运用函数来分别实现。

In [4]:
```
unprinted_designs=['iphone case','robot pendant','dodecahedron']
completed_models=[]
while unprinted_designs:
    current_design=unprinted_designs.pop()
    print("Printing model:"+current_design)
    completed_models.append(current_design)
print("\nThe following models have been printed:")
for completed_model in completed_models:
    print(completed_model)
```

```
Printing model:dodecahedron
Printing model:robot pendant
Printing model:iphone case

The following models have been printed:
dodecahedron
robot pendant
iphone case
```

④ 用两个函数实现上述的功能。

```
In [10]: def print_models(unprinted_designs,completed_models):
             while unprinted_designs:
                 current_design=unprinted_design.pop()
                 print("Printing model:"+current_design)
                 completed_models.append(current_design)
         def show_completed_models(completed_models):
             print("\nThe following models have been printed:")
             for completed_model in completed_models:
                 print(completed_model)
         unprinted_design=['iphone case','robot pendant','dodecahedrom']
         completed_models=[]
         print_models(unprinted_design,completed_models)
         show_completed_models(completed_models)
```

```
Printing model:dodecahedrom
Printing model:robot pendant
Printing model:iphone case

The following models have been printed:
dodecahedrom
robot pendant
iphone case
```

2.9　数据可视化

① 用 Matplotlib 绘图。

Matplotlib 是一个 Python 包，它具有相关功能的模块集合。模块可以制作图形。以三个点为例绘制图形。三个点的坐标分别为（1，2）、（2，4）和（3，6）。通过创建两个数字列表来存储这几个点的 x 坐标，另一个存储 y 坐标。

```
In [1]: x_numbers=[1,2,3]
        y_numbers=[2,4,6]
```

```
In [4]: from pylab import plot,show
        plot(x_numbers,y_numbers)

        show()
```

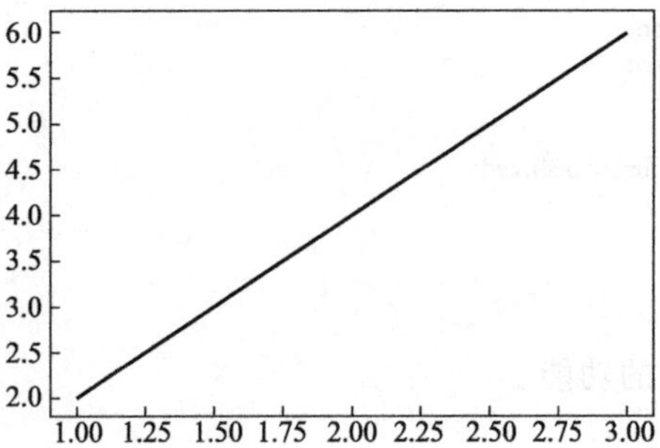

② 在图上标注相应的点。

调用 plot 函数在图上标注相应的点。

```
In  [6]: plot(x_numbers,y_numbers,marker='o')
Out[6]: [<matplotlib.lines.Line2D at 0x283617d0748>]
```

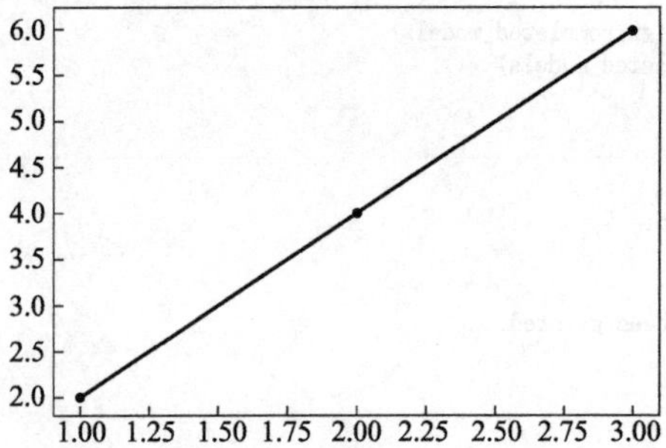

③ 绘制某市的年平均气温。

```
In  [7]: nyc_temp=[53.9,56.3,56.4,53.4,54.5,55.8,56.8,55.0,55.3,54.0,56.7,56.4,57.3]
         plot(nyc_temp,marker='o')
Out[7]: [<matplotlib.lines.Line2D at 0x28361834d30>]
```

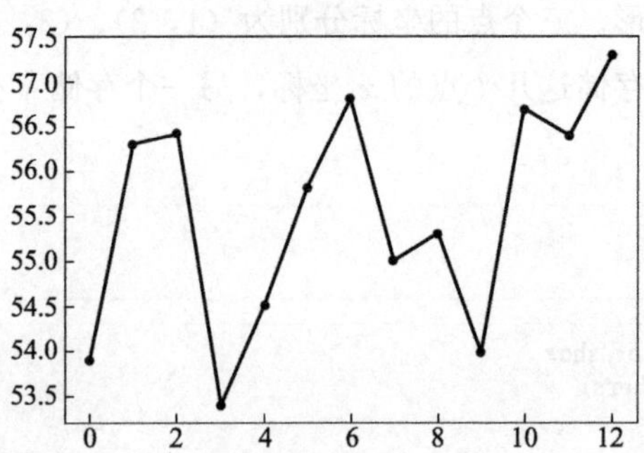

④ 比较某市月平均气温。

In [8]:
```
nyc_temp_2000=[31.3,37.3,47.2,51.0,63.5,71.3,72.3,72.7,66.0,57.0,45.3,31.1]
nyc_temp_2001=[40.9,35.7,43.1,55.7,63.1,71.0,77.9,75.8,66.6,56.2,51.9,43.6]
nyc_temp_2002=[37.3,40.9,50.9,54.8,65.1,71.0,78.8,76.7,68.8,58.0,43.9,41.5]
```

In [10]:
```
months=range(1,13)
plot(months,nyc_temp_2000,months,nyc_temp_2001,months,nyc_temp_2002)
```

Out[10]:
```
[<matplotlib.lines.Line2D at 0x283619e70f0>,
 <matplotlib.lines.Line2D at 0x283619e72b0>,
 <matplotlib.lines.Line2D at 0x283619e7828>]
```

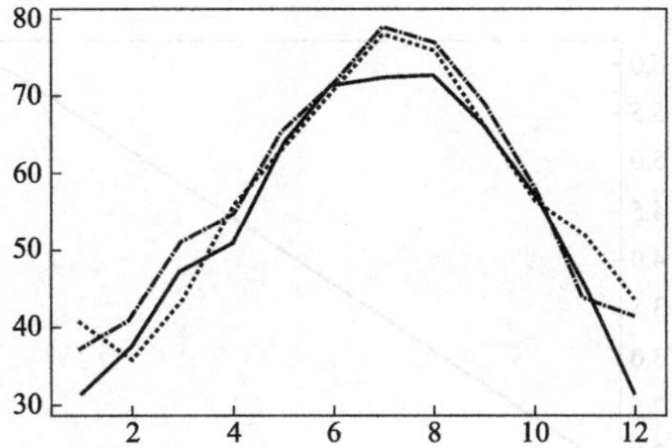

⑤ 自定义图形。

添加标题和标签：使用 title () 函数添加图形的标题，使用 xlabel () 和 ylabel () 函数添加 x 轴和 y 轴的标签。

In [11]:
```
from pylab import plot,show,title,xlabel,ylabel,legend
plot(months,nyc_temp_2000,months,nyc_temp_2001,months,nyc_temp_2002)
title('Average monthly temperatrue in NYC')
xlabel('Month')
ylabel('Temperature')
legend([2000,2001,2002])
```

Out[11]:
```
<matplotlib.legend.Legend at 0x28361a29c50>
```

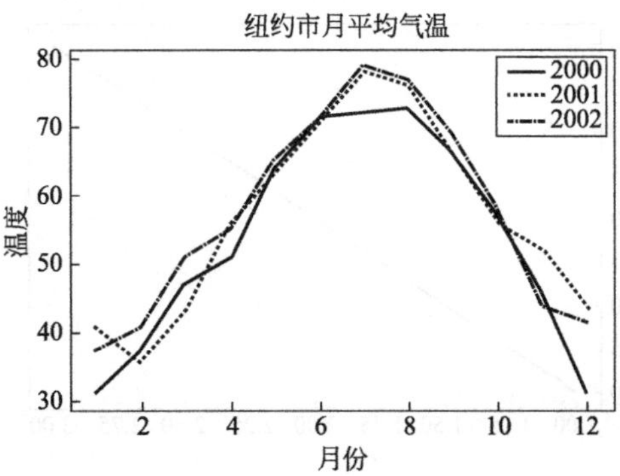

使用 plot 绘图。

In [4]:
```
import matplotlib.pyplot
def create_graph():
    x_numbers=[1,2,3]
    y_numbers=[2,4,6]
    matplotlib.pyplot.plot(x_numbers,y_numbers)
    matplotlib.pyplot.show()

if __name__ =='__main__':
        create_graph()
```

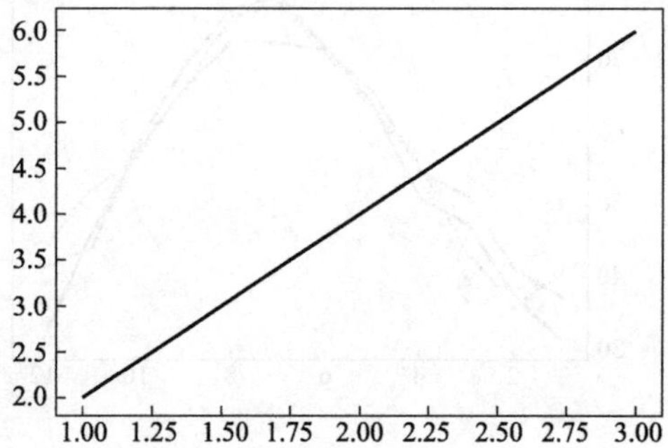

⑥ 保存图形。

保存图形使用函数 savefig ()。该函数将图形保存为图像文件，可以在报告或演示文稿中使用，可以选择多种图像格式，比如 png、pdf、svg。

In [6]:
```
from pylab import plot,savefig
x=[1,2,3]
y=[2,4,6]
plot(x,y)
savefig('mygraph.png')
```

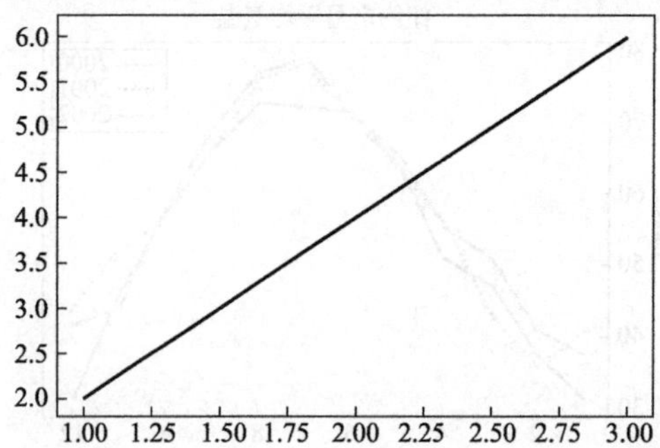

⑦ 用公式绘图。

根据牛顿万有引力定律，质量为 m_1 的物体吸引另一个质量为 m_2 物体的力 F，根据以下公式计算。

$$F=\frac{Gm_1m_2}{r^2} \tag{2-1}$$

式中，r 是两个物体之间的距离；G 是引力常数。

例：物体 m_1 的质量为 0.5kg，m_2 为 1.5kg，重力常数值为 $6.674\times10^{-11}\mathrm{N\cdot m^2/kg^2}$。计算这两个物体之间的 19 种不同距离的引力：100m，150m，200m，250，300m…一直到 1000m。以下程序可以实现上述的问题求解。

In [12]:
```
import matplotlib.pyplot as plt
def draw_graph(x,y):
    plt.plot(x,y,marker='o')
    plt.xlabel('Distance in meters')
    plt.ylabel('Gravitational force in newtons')
    plt.title('Gravitaitonal force and distance')
    plt.show()
def generate_F_r():
    r=range(100,1050,50)
    F=[]
    G=6.674*(10**-11)
    m1=0.5
    m2=1.5
    for dist in r:
        force=G*(m1*m2)/(dist**2)
        F.append(force)
    draw_graph(r,F)
if __name__ == '__main__':
    generate_F_r()
```

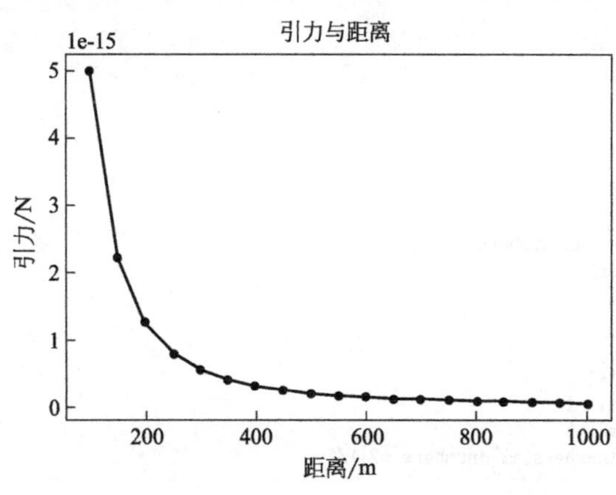

2.10 数据的统计学特征

① 计算均值。

均值是总结一组数字的一种常见而直观的方法，也就是平常所说的平均数。为了计算均值需要用数字列表的总和除以列表中的项数。

```
In  [1]: shortlist=[1,2,3]
         sum(shortlist)
Out[1]: 6
```

```
In  [2]: len(shortlist)
Out[2]: 3
```

```
In  [3]: def calculate_mean(numbers):
             s=sum(numbers)
             N=len(numbers)
             mean=s/N
             return mean
         if __name__=='__main__':
             donations=[100,60,70,900,100,200,500,500,503,600,1000,1200]
             mean=calculate_mean(donations)
             N=len(donations)
             print('Mean donation over the last {0}days is {1}'.format(N,mean))

         Mean donation over the last 12days is 477.75
```

② 计算中位数。

为了编写中位数的函数，还需要对列表进行升序排列。

```
In  [4]: samplelist=[4,1,3]
         samplelist.sort()
         samplelist
Out[4]: [1, 3, 4]
```

```
In  [5]: def calculate_median(numbers):
             N=len(numbers)
             numbers.sort()
             if N%2==0:
                 m1=N/2
                 m2=(N/2)+1
                 m1=int(m1)-1
                 m2=int(m2)-1
                 median=(numbers[m1]+numbers[m2])/2
```

```
    else:
        m=(N+1)/2
        m=int(m)-1
        median==nubers[m]
    return median
if __name__=='__main__':
    donations=[100,60,70,900,100,200,500,500,503,600,1000,1200]
    median=calculate_median(donations)
    N=len(donations)
    print('Median donation over the last {0}days is {1}'.format(N,median))
```

```
Median donation over the last 12days is 500.0
```

③ 计算众数。

众数指的是出现频率最高的数字。要编写一个程序计算众数，计算每个数字在列表中出现的次数，并输出最频繁出现的数字。Counter 类的 most _ common () 函数可以做到。

```
In  [1]: simplelist=[4,2,1,3,4]
         from collections import Counter
         c=Counter(simplelist)
         c.most_common()
```

```
Out[1]: [(4, 2), (2, 1), (1, 1), (3, 1)]
```

```
In  [2]: from collections import Counter
         def calculate_mode(numbers):
             C=Counter(numbers)
             mode=c.most_common(1)
             return mode[0][0]
         if __name__=='__main__':
             scores=[7,8,9,2,10,9,9,9,9,4,5,6,1,5,6,7,86,1,10]
             mode=calculate_mode(scores)
             print('The mode of the list of numbers is :{0}'.format(mode))
```

```
The mode of the list of numbers is :4
```

④ 创建频数表。

通过列表的方式显示每个数出现的次数。

```
In  [3]: from collections import Counter
         def frequency_table(numbers):
             table=Counter(numbers)
             print('Number\tFrequency')
             for number in table.most_common():
                 print('{0}\t{1}'.format(number[0],number[1]))
```

```
if __name__=='__main__':
    scores=[7,8,9,2,10,9,9,9,9,4,5,6,1,5,67,8,6,1,10]
    frequency_table(scores)
```

```
Number  Frequency
9       5
8       2
10      2
5       2
6       2
1       2
7       1
2       1
4       1
67      1
```

⑤ 计算数字极差。

数字列表的极差指的是最大数和最小数之间的差值。

In [4]:
```
def find_range(numbers):
    lowest=min(numbers)
    highest=max(numbers)
    r=highest-lowest
    return lowest,highest,r
if __name__=='__main__':
    donations=[100,60,70,900,100,200,500,500,503,600,1000,1200]
    lowest,highest,r=find_range(donations)
    print('Lowest:{0} highest:{1} range:{2}'.format(lowest,highest,r))
```

```
Lowest:60 highest:1200 range:1140
```

⑥ 计算方差和标准差。

计算每个数与均值的差值，方差就是这些差值的平方和的均值。方差越大说明这些数字越偏离均值，方差越小说明这些数字越聚在均值附近。用公式表示为

$$\text{variance}=\frac{\sum(x_i-x_{\text{mean}})^2}{n} \tag{2-2}$$

式中，x_i 表示每个数字；x_{mean} 表示平均值；n 表示数字的个数。

In [8]:
```
def calculate_mean(numbers):
    s=sum(numbers)
    N=len(numbers)
    mean=s/N
    return mean
def find_differences(numbers):
    mean=calculate_mean(numbers)
    diff=[]
```

```
    for num in numbers:
        diff.append(num-mean)
        return diff
def calculate_variance(numbers):
    diff=find_differences(numbers)
    squared_diff=[]
    for d in diff:
        squared_diff.append(d**2)
        sum_squared_diff=sum(squared_diff)
        variance=sum_squared_diff/len(numbers)
        return variance
if __name__=='__main__':
    donations=[100,60,70,900,100,200,500,500,503,600,1000,1200]
    variance=calculate_variance(donations)
    print('The variance of the list of numbers is {0}'.format(variance))

    std=variance**0.5

    print('The stdf the list of numbers is {0}'.format(std))
```

```
The variance of the list of numbers is 11891.255208333334
The stdf the list of numbers is 109.04703209319057
```

⑦ 计算相关系数。

计算相关系数的公式如下。

$$\text{correlation}=\frac{n\sum xy-\sum x\sum y}{\sqrt{(n\sum x^2-(\sum x)^2)-(n\sum y^2-(\sum y)^2)}} \tag{2-3}$$

式中，n 表示每组数字中值的总数（两个数据集要具有相等的长度）；x、y 表示两组数字；$\sum xy$ 表示集合 x 和 y 中的各个元素的乘积总和；$\sum x$ 表示集合 x 的数字总和；$\sum y$ 表示集合 y 中的数字的总和；$(\sum x)^2$ 表示集合 x 中的数字的总和的平方；$(\sum y)^2$ 表示集合 y 中的数字的平方的总和；$\sum x^2$ 表示集合 x 中的数字的总和的平方；$\sum y^2$ 表示集合 y 中的数字的平方的总和。

In [9]:
```
simple_list1=[1,2,3]
simple_list2=[4,5,6]
for x,y in zip(simple_list1,simple_list2):
    print(x,y)
```

```
1 4
2 5
3 6
```

⑧ 创建散点图。

用 Python 创建一个散点图。

```
In [3]: x=[1,2,3,4]
        y=[2,4,6,8]
        import matplotlib.pyplot as plt
        plt.scatter(x,y)

        plt.show()
```

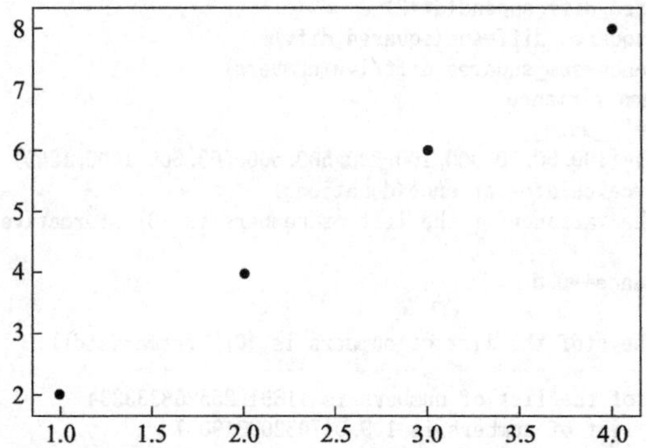

⑨ 从文件中读取数据。

从 CSV 格式存储数据的文件中读取数据。

```
In [1]: def sum_data(filename):
            s=0
            with open(filename) as f:
                for line in f:
                    s=s+float(line)
            print('Sum of the numbers:{0}'.format(s))
        if __name__=='__main__':
            sum_data('d:\\ab.txt')

        Sum of the numbers:5733.0
```

2.11 代数和符号数学问题

① 定义符号和符号运算。

符号 Symbol 是构成符号数学的基础。在程序中使用符号，需要创建一个 Symbol 类的对象。

```
In [20]: from sympy import Symbol
         x=Symbol('x')
         x+x+1

Out[20]: 2*x + 1
```

在语句 x＝Symbol('x') 中，左侧的 x 是 Python 的标签，它指代的是符号，不是数字，是指代字符串“x”的 Symbol 对象。

定义了符号后，就可以对它们执行基本的数学运算。

In [21]:
```
from sympy import Symbol
x=Symbol('x')
y=Symbol('y')
z=Symbol('z')
s=x*y+x*y
s
```
Out[21]: 2*x*y

② 分解和展开表达式。

factor()为函数分解表达式，expand()为函数展开表达式，将表达式表示为单个项的总和。用基本代数恒等式 $x^2-y^2=(x+y)(x-y)$来检验这些函数。等式的左边是展开的表达式，右边是相应的分解式。

In [23]:
```
from sympy import Symbol
x=Symbol('x')
y=Symbol('y')
from sympy import factor
expr=x**2-y**2
factor(expr)
```
Out[23]: (x - y)*(x + y)

In [24]:
```
from sympy import expand
factors=factor(expr)
expand(factors)
```
Out[24]: x**2 - y**2

③ 表达式整齐输出。

用函数 pprint()可以把处理的表达式在输出时变得整齐些。

In [26]:
```
expr=x*x+2*x*y+y*y
expr
```
Out[26]: x**2 + 2*x*y + y**2

In [27]:
```
from sympy import pprint
pprint(expr)
```
```
 2           2
x  + 2·x·y + y
```

④ 输出级数。

考虑以下级数：$x+\frac{x^2}{2}+\frac{x^3}{3}+\frac{x^4}{4}+\cdots+\frac{x^n}{n}$，编写程序实现输入项数的级数。

In [35]:
```
from sympy import Symbol,pprint,init_printing
def print_series(n):
    init_printing(order='rev-lex')
    x=Symbol('x')
    series=x
    for i in range(2,n+1):
        series=series+(x**i)/i
        pprint(series)

if __name__=='__main__':
    n=input('Enter the number of terms you want in the series:')
    print_series(int(n))
```

```
Enter the number of terms you want in the series:3
     2
    x
x + ──
    2
     2    3
    x    x
x + ── + ──
    2    3
```

⑤ 用值替代符号。

用 sub()函数将值代入。

In [37]:
```
x=Symbol('x')
y=Symbol('y')
x*x+x*y+x*y+y*y
```

Out[37]: $y^2+2xy+x^2$

In [39]:
```
expr=x*x+x*y+x*y+y*y
res=expr.subs({x:1,y:2})
res
```

Out[39]: 9

第 3 章
信号处理基础

信号处理主要研究各种信息、信号的获取、变换、处理、分析的一门技术。信号处理的目的是削弱信号中的多余内容，滤除复杂的噪声和干扰，或者将信号转换成容易处理的、传输、分析和识别的形式，以方便后续的处理。信号处理的方法主要有傅里叶分析、小波理论、小波包理论、主成分分析、独立成分分析、样本熵等方法。

3.1 信号的定义及应用

信号来源于拉丁语“signum（记号）”一词，含义很广。“信号”这一术语不仅出现在科学技术领域中，而且出现在日常生活中，人们对信号不陌生，每时每刻都在与信号打交道，火车、船舶的汽笛声，汽车的喇叭声，这些是声信号。还有一些光信号，比如交叉口的红绿灯光，发射信号弹的闪烁亮光。还有一些电信号，比如电磁波、电压、电流等。信号本身是一种变化着的物理量，或者说是一种物理体现。信号是载有信息的，每个信号都表示一定的含义，比如雷达荧光屏上的光点表示出现了飞机的信息，DNA 的结构图案信号表示一定的遗传信息等。因此，信号就是用于描述、记录或传输信息的任何对象的物理状态随时间的变化过程。也可以说信号就是一种载有一定信息的一种物理体现。信号是信息的表现形式，信息是信号的具体内容。人们之间的各种数据的传递、图像的传递等，目的就是把信息借助于一定形式的信号传递出去。

古代用烽火台的狼烟报警，希腊人利用火炬位置表示字母符号等就是人们将信息转化为信号来实现信息的传输、记忆与处理。古代这些信号传递的方式在安全性、有效性与可靠性方面没有很满意的结果。19 世纪初叶之后，人们研究了如何用电信号来进行信息的传送，使得人类在信息传输、记忆与处理等各个方面取得了很满意的效果。1837 年莫尔斯发明了电报，用各种代码组合来表示字母和数字，叫作莫尔斯电码。1876 年贝尔发明了电话，直接将语音变换成电信号沿导线传递。19 世纪，赫兹、波波夫、马克尼等人解决了电磁波传送无线电信号问题。实际应用中常常将各种物理量，如声波动、光强度、机械运动的位移、速度等转换成电信号，以利于远距离的信息传输，经传输后在接收端再将各种电信号进行还原，还原成原始的消息。

本书研究的是电信号，所谓电信号是指载有信息的随时间而变化的电压或电流，也可以是电容上的电荷、线圈中的磁通及空间中的电磁波等电量。信号特性从两个方面来描述：一方面是时间特性，称为时域特性；另一方面是频率特性，称为频域特性。信号是随时间而变化的电量，所以描述信号的数学表达式是时间的函数。描绘出的图像称为信号的波形，波形表现信号的时间特性，主要表现在出现时间的先后，持续时间的长短，重复周期的大小，以及随时间变化的快慢等。频域特性是指任意信号都可以分解为许多不同频率的正弦分量，表现出信号具有一定的频率特性。比如主要频率分量占有的范围也就是频带宽度，各频率的正弦分量之间相对大小等。信号的时间特性和频率特性之间有一定的相互对应关系，不同的时域特性具有不同的频域特性。

随着信号传输理论与技术的发展，信号处理的理论与技术也发展迅猛。所谓信号处理就是对信号进行加工或变换。加工或变换的目的在于削弱信号中多余的成分，滤除混杂的噪声与干扰。或者将信号变换成容易分析与识别的形式，便于估计或选择它的特征参数。

3.2 信号的分类

按照分布性质不同，信号可以分为确定性信号和随机信号。对于给定的某一时刻，有确定的函数值与之对应，这种信号称为确定性信号或规则信号。实际传输的信号往往具有不可预知的不确定性，这种信号称为随机信号或不确定性信号。

按函数自变量取值是否具有连续性，信号可以分为连续时间信号和离散时间信号。

对于所讨论的时间范围内，在任意时间点上（除若干不连续点外）函数都有确定的值与之对应，这种信号就是连续时间信号。离散时间信号在时间上是离散的，它只在某些时间的离散点上给定函数值，而在其他时间上都没有定义，这样的信号就是离散时间信号。

按函数是否具有周期性，信号可以分为周期信号和非周期信号。如果对所有的 $t\in(-\infty,+\infty)$，存在一个最小的常数 T，使得

$$f(t)=f(t+nT) \qquad n=0,\pm1,\pm2,\cdots \tag{3-1}$$

就称 $f(t)$ 是以 T 为周期的周期信号，否则就称为非周期信号。

按函数存在的区域，信号可以分为因果信号和非因果信号。将 $t\geqslant0$ 接入系统的信号，称为因果信号；反之，若 $t<0$ 时，不等于零的信号，则称为非因果信号。

按函数自变量数目不同，信号可以分为一维信号和多维信号。若信号表示为时间 t 的函数，则信号为一维信号。对应一维信号，还有二维信号，三维信号等。电视图像信号就是三维信号 $f(x,y,t)$，表示平面空间 x、y 和时间 t

的三维函数。

3.2.1 常用的连续时间信号

（1）指数信号

在信号与系统分析中，指数信号是重要的基本信号之一，表达式为

$$f(t)=Ae^{\alpha t} \tag{3-2}$$

式中，α 是实数，$\alpha>0$ 则信号将随着时间延长而增长，并且越长，增长速度越快；相反，如果小于 0，则信号随时间延长而衰减，并且绝对值越大，衰减速度越快；当等于 0 时，信号不随着时间变化，这时候称为直流信号。常见的指数信号是单边指数衰减信号，表达式为

$$f(t)=\begin{cases}Ae^{-\alpha t} & t>0\\ 0 & t<0\end{cases} \tag{3-3}$$

式中，$\alpha>0$。

（2）正弦信号

正弦信号与余弦信号两者在相位上相差 $\pi/2$，因此两者都可以称为正弦信号。信号的一般形式为

$$f(t)=A\sin(\omega t+\theta) \tag{3-4}$$

式中，A 表示振幅；ω 是角频率；θ 为初相位。

正弦信号的三要素为上述这三个量。正弦信号是周期信号，它的周期是 T 与频率 f 及角频率 ω 之间的关系为

$$T=\frac{1}{f}=\frac{2\pi}{\omega} \tag{3-5}$$

（3）抽样信号

抽样函数的数学表达式为

$$\mathrm{Sa(t)}=\frac{\sin t}{t} \tag{3-6}$$

抽样函数是偶函数，在 $t=\pm\pi$，$\pm2\pi$，$\pm3\pi\cdots$时，函数值为 0。

（4）复指数信号

将指数信号的指数因子换成复数，称为复指数信号。表达式为

$$f(t)=Ae^{st} \tag{3-7}$$

式中，s 称为复频率，可以表示成 $s=\sigma+j\omega$，σ 为复指数 s 的实部，ω 为虚部。借助欧拉公式，上面的式子可以展开成如下的形式。

$$f(t)=Ae^{st}=Ae^{\sigma t}\cos\omega t+jAe^{\sigma t}\sin\omega t \tag{3-8}$$

表示一个复指数信号可以分解为实部和虚部两部分。其中，实部是余弦信号，虚部是正弦信号。指数因子的实部表征了正弦与余弦的振幅随时间变化的情况。

3.2.2　奇异信号

奇异信号指的是信号本身具有不连续点（跳变点）或其导数与积分具有不连续点的情况。

（1）单位斜变信号

单位斜变信号指的是从某一时刻随时间正比例增长的信号。如果 $t=0$ 开始按单位斜率增长，则称为单位斜变信号。用 $R(t)$ 表示，数学表达式如下。

$$R(t)=\begin{cases}t & t\geqslant 0\\ 0 & t<0\end{cases} \tag{3-9}$$

如果起始点移至 t_0，则称为延时的斜变信号，用数学表达式写为

$$R(t-t_0)=\begin{cases}t-t_0 & t\geqslant t_0\\ 0 & t<t_0\end{cases} \tag{3-10}$$

（2）单位阶跃信号

单位阶跃信号，用符号 $u(t)$ 表示，数学表达式为

$$u(t)=\begin{cases}1 & t>0\\ 0 & t<0\end{cases} \tag{3-11}$$

单位阶跃信号是单位斜变信号的信号，那么单位斜变信号是单位阶跃信号的积分。

$$R(t)=\int_{-\infty}^{t}u(\tau)\mathrm{d}\tau \tag{3-12}$$

阶跃信号具有单边特性，任意信号 $f(t)$ 与 $u(t)$ 相乘，将使信号 $f(t)$ 在 $t=0$ 之前的幅度为零。利用它的这个特性可以很方便地表示分段信号和符号函数。

（3）单位冲激信号

某些物理现象需要用一个时间极短，但是取值极大的函数模型来描述。单

位冲激信号就是以这些实际问题为背景引出来的。单位冲激函数 $\delta(t)$ 定义为，在 $t\neq0$ 时函数值均为零，而在 $t=0$ 处函数值为无限大，且函数面积为 1。

$$\begin{cases}\delta(t)=0 & t\neq 0\\ \int_{-\infty}^{\infty}\delta(t)\mathrm{d}t=1 & t=0\end{cases} \tag{3-13}$$

函数面积称为冲激强度。

（4）冲激偶信号

冲激偶信号就是冲激信号的微分。

3.2.3 信号的运算

（1）信号的加减

两个信号的和（或差）信号在任意时刻的值都等于两个信号在该时刻的值之和（或者差）。

$$f(t)=f_1(t)+f_2(t) \tag{3-14}$$

$$f(t)=f_1(t)-f_2(t) \tag{3-15}$$

（2）信号的乘法和数乘

两个信号的积在任意时刻的值等于两个信号在该时刻的值之积。

$$f(t)=f_1(t)f_2(t) \tag{3-16}$$

（3）信号的反褶、时移与尺度变换

信号 $f(t)$ 的反褶就是用 $-t$ 替换 $f(t)$ 表达式中的所有独立变量 t，成为 $f(-t)$。反褶表示在波形上将原信号的波形以纵轴为轴反转 180°。

信号 $f(t)$ 时移 t_0 个单位，就是用 $t-t_0$ 替换 $f(t)$ 表达式中所有的独立变量 t。当 $t_0>0$ 时，波形向右移，称为延时；当 $t_0<0$ 时，波形向左移。

信号 $f(t)$ 的尺度变换指的是将 $f(t)$ 的时间变量 t 以正常数 α 展缩，也就是在 $f(t)$ 的表达式中，以 αt 代替独立变量 t。当 $\alpha>1$ 时，$f(\alpha t)$ 表示将原信号 $f(t)$ 在时间轴上压缩；当 $\alpha<1$ 时，$f(\alpha t)$ 则表示将原信号 $f(t)$ 在时间轴上扩展。

（4）信号的微分与积分

信号 $f(t)$ 的微分 $\mathrm{d}f(t)/\mathrm{d}t$ ［或者写为 $f'(t)$］表示信号随时间变化的变化率。

积分运算：信号 $f(t)$ 的积分 $\int_{-\infty}^{t} f(\tau)\mathrm{d}\tau$ [也可写为 $f^{-1}(t)$] 运算在 t 时刻的值等于从 $-\infty$ 到 t 区间内 $f(t)$ 与时间轴所包围的面积。

（5）信号的卷积积分

在信号与系统分析中用到两个函数的卷积积分运算（简称卷积），卷积用符号 * 表示，定义为

$$f_1(t) * f_2(t) = \int_{-\infty}^{+\infty} f_1(\tau) f_2(t-\tau)\mathrm{d}\tau \tag{3-17}$$

卷积积分的上下限一般不都取 $-\infty$ 到 $+\infty$，它是要根据被积函数的具体波形，采用图解法进行确定。

卷积积分的图解法：给定 $f_1(t)$ 和 $f_2(t)$，使得 $s(t)=f_1(t) * f_2(t)$，首先把自变量 t 变为 τ，也就是将 $f_1(t)$ 和 $f_2(t)$ 变为 $f_1(\tau)$ 和 $f_2(\tau)$，然后再经过下面四个步骤。

① 反褶：$f_2(\tau)$ 变为 $f_2(-\tau)$。

② 时移：$f_2(-\tau)$ 时移 t，变为 $f_2(t-\tau)=f_2[-(\tau-t)]$，当 $t>0$ 时，将 $f_2(-\tau)$ 右移 t，当 $t<0$ 时，将 $f_2(-\tau)$ 左移 $|t|$。

③ 相乘：将 $f_1(\tau)$ 与 $f_2(t-\tau)$ 相乘得到 $f_1(\tau)f_2(t-\tau)$。

④ 积分：将 $f_1(\tau)f_2(t-\tau)$ 进行积分，积分的关键是确定积分限，一般是将 $f_1(\tau)f_2(t-\tau)$ 不等于零的区间作为积分的上、下限，而且当 t 取不同的值时，不为零的区间有所变化，因此要将 t 分成不同的区间求卷积积分。

3.2.4　信号的分解

对信号进行分析与处理的过程中，会将一些复杂的信号分解为简单信号之和。

（1）偶分量与奇分量

偶分量的定位为

$$f_e(t)=f_e(-t) \tag{3-18}$$

奇分量的定义为

$$f_o(t)=-f_o(-t) \tag{3-19}$$

任何信号都可以分解为偶分量和奇分量之和，即

$$f(t)=f_e(t)+f_o(t) \tag{3-20}$$

为了求出偶分量和奇分量的表达式，将上面公式中的 t 用 $-t$ 代替，可以得到

$$f(-t)=f_e(-t)+f_o(-t)=f_e(t)-f_o(t) \tag{3-21}$$

由上面的两个式子可得到

$$f_e(t)=\frac{1}{2}[f(t)+f(-t)] \tag{3-22}$$

$$f_o(t)=\frac{1}{2}[f(t)-f(-t)] \tag{3-23}$$

（2）脉冲分量

任意信号 $f(t)$，可以用一系列矩形脉冲相叠加的阶梯信号来近似表示。这种分割方法称为纵向分割。将时间轴等分为小区间作为各矩形脉冲的宽度，各脉冲的高度分别等于它在左侧边界对应的函数值。分割法所有产生的误差取决于时间间隔的大小。时间间隔越小，当趋近于零的极限情况下，阶梯信号 $f(t)$ 就变成了光滑曲线。

（3）阶跃分量

将 $f(t)$ 分解为一系列的阶跃函数之和来比逼近，这种分割方法称为横向分割。

（4）正交函数分量

用正交函数集来表示一个信号，那么，组成信号的各分量就是相互正交的。

3.3 连续时间信号的频域分析

傅里叶变换分析也称为频谱分析或频域分析，它以正弦函数或复指数函数为基本信号，任意信号可以分解为一系列不同频率的正弦函数或复指数函数之和（对于周期信号）或积分（对于非周期信号），分解后的变量是频率。拉普拉斯分析也称为复频域分析或 s 域分析，是傅里叶变换分析的进一步推广。

3.3.1 傅里叶分析

傅里叶分析是数据信号处理的基础，也是现代信号处理的出发点。傅里叶分析将信号分析从时间域变换到了频率域，然后研究信号的频谱结构和变化

规律。

时间域，自变量是时间，纵轴是信号的变化。其动态信号 $x(t)$ 是描述信号在不同时刻取值的函数。

频域即频率域，自变量是频率（物质每秒完成周期性变化的次数），即横轴是频率，纵轴是该频率信号的幅度，也就是通常说的频谱图。频谱图描述了信号的频率结构及频率与该频率信号幅度的关系。频域是把时域波形的表达式做傅里叶变化得到复频域的表达式，所画出的波形就是频谱图，描述频率变化和幅度变化的关系。

（1）傅里叶级数

傅里叶级数和傅里叶变换既有区别也有联系，互相之间可以相互推导得出。

傅里叶级数的两种表现形式如下。

① 经典的傅里叶级数定义为任何一个周期为 T 的函数 $f(t)$ 都可以表示为（或者展开为）多个正弦和余弦函数之和，用公式表示如下。

$$f(t)=a_0+\sum_{k=-\infty}^{+\infty}(a_k\cos kw_0t+b_k\sin k\omega_0t) \tag{3-24}$$

② 傅里叶级数还可以表示为更简洁的复指数形式，这个复谐波分量信号是由正弦谐波和余弦谐波合并而成的，用公式表示如下。

$$f(t)=\sum_{k=-\infty}^{+\infty}c_ke^{jk\omega_0t},\omega_0=\frac{2\pi}{T} \tag{3-25}$$

这两种表达方式可以通过欧拉公式互相推导得出。

系数 a_k 和 b_k 分别为

$$a_k=\frac{2}{T}\int_0^T f(t)\cos\frac{2n\pi}{T}t\,\mathrm{d}t,k=0,1,2\cdots \tag{3-26}$$

$$b_k=\frac{2}{T}\int_0^T f(t)\sin\frac{2n\pi}{T}t\,\mathrm{d}t,k=1,2\cdots \tag{3-27}$$

系数代表了余弦和正弦分量的大小。

$$c_k=\frac{1}{T}\int_0^T f(t)e^{-jk\omega_0t}\mathrm{d}t \tag{3-28}$$

对于固定的 k 来说，系数 c_k 表征了原信号 $f(t)$ 中第 k 次谐波成分 $e^{k\omega_0t}$ 的大小。所以通过傅里叶级数 c_k 系数可以对原信号的谐波成分进行定量的分析。

因此，对于一个周期函数可以表示为一组正弦函数和余弦函数之和。

（2）傅里叶变换

傅里叶级数主要表征的是周期函数，但是实际工程应用中很多信号是非周期信号，因此，引入傅里叶变换只需针对非周期信号进行分析。

经典的傅里叶变换定义为

$$F(\omega)=\int_{-\infty}^{+\infty} f(t)e^{-j\omega t}\mathrm{d}t \tag{3-29}$$

傅里叶反变换为

$$f(t)=\frac{1}{2\pi}\int_{-\infty}^{+\infty} F(\omega)e^{j\omega t}\mathrm{d}\omega \tag{3-30}$$

$F(\omega)$ 是对 $f(t)$ 做了频谱分析，对于某一个固定的频率 $\omega=\omega_1$，变换结果如下。

$$F(\omega)=F(\omega_1)=\int_{-\infty}^{+\infty} f(t)e^{-j\omega_1 t}\mathrm{d}t \tag{3-31}$$

式(3-31) 给出了变换 $F(\omega)$ 在 $\omega=\omega_1$ 处频率的大小，可以理解为原信号中包含频率分量 $e^{j\omega_1}$ 的大小。因此，对于非周期信号 $f(t)$，通过傅里叶变换可以方便地分析各个频率分量。

（3）采样频率

采样频率也称为采样速度或者采样率，每秒从连续信号中提取并组成离散信号的采样数量，用赫兹（Hz）表示。采样频率的倒数表示采样周期或者叫作采样时间，是采样之间的时间间隔。采样频率简单地说是指计算机每秒采集多少个信号样本。

3.3.2 采样定理

在一定条件下，一个连续时间信号完全可以用该信号在等时间间隔点上的值或样本来表示，用这些样本值把该信号完全恢复出来，这是采样定理的特征。

采样定理也称香农采样定理、奈奎斯特采样定理，是信息论，是通信与信号处理学科中的一个重要的基本结论。如果信号是带限的，并且采样频率高于信号带宽的两倍，那么，原来的连续信号可以从采样样本中完全重建出来。

采样定理在连续时间信号和离散时间信号之间起到桥梁的作用，在一定条件下，连续时间信号可以用它的一些样本恢复，因此，也说明用离散时间信号可以表示连续时间信号。因此，可以利用离散时间系统技术来表示连续时间系统并进行处理分析，之后再把离散时间信号恢复为连续时间信号。

有无限多个信号可以产生一组给定的样本值，如果一个信号是带限的，也就是说它的傅里叶变换在某一有限频带范围以外均为零，并且样本取得足够密，这些样本值能作为唯一来表达这一信号，并且可以从这些样本中把信号完全恢复出来。得到的这个结果就是采样定理。

（1）冲激串采样

为了建立采样定理，需要一种方便的方式来表示一个连续时间信号在均匀间隔上的采样。一种有用的方法就是用一个周期冲激串去乘以待采样的连续时间信号 x_t，这个方法就是冲激串采样。

周期冲激串 $p(t)$ 称为采样函数，周期 T 称为采用周期，的 $p(t)$ 基波频率称为采样频率。

在时域中有

$$x_p(t)=x(t)p(t) \tag{3-32}$$

$$p(t)=\sum_{n=-\infty}^{+\infty}\delta(t-nT) \tag{3-33}$$

$x(t)$ 被一个单位冲激函数相乘后就将冲激发生的这一点的信号值采出来，即

$$x(t)\delta(t-t_0)=x(t_0)\delta(t-t_0) \tag{3-34}$$

$x_p(t)$ 本身就是一个冲激串，它的冲激幅度等于 $x(t)$ 在以 T 为间隔处的样本值。

$$x_p(t)=\sum_{n=-\infty}^{+\infty}x(nT)\delta(t-nT) \tag{3-35}$$

可知

$$X_p(j\omega)=\frac{1}{2\pi}\int_{-\infty}^{+\infty}X(j\omega)P[j(\omega-\theta)]\mathrm{d}\theta \tag{3-36}$$

$$P(j\omega)=\frac{2\pi}{T}\sum_{k=-\infty}^{+\infty}\delta(\omega-k\omega_s) \tag{3-37}$$

信号与一个单位冲激函数的卷积就是这个信号的移位。

$$X(j\omega)*\delta(\omega-\omega_0)=X[j(\omega-\omega_0)] \tag{3-38}$$

$$X_p(j\omega)=\frac{1}{T}\sum_{k=-\infty}^{+\infty}X[j(\omega-k\omega_s)] \tag{3-39}$$

（2）连续时间信号的离散时间处理

在很多应用中，都用到把连续时间信号转化为离散时间信号处理。处理完之后，再把离散时间信号转化为连续时间信号。这样的处理方式的优点是：离散时间信号的处理可以借助某一通用或专用计算机，借助于微处理器等而专门设计的装置来实现。

信号的处理方法可以看作是由连续时间信号经过变化转化为离散时间信号，离散时间信号经过变化处理，接着再转化为连续时间信号，这可以看作是一个连续时间系统，因为系统的输入和输出都是连续时间信号，依据的理论就是采样定理。通过这样一个周期采样的过程，连续时间信号可以完全用一串瞬时样本值来表示。

3.3.3 小波理论

傅里叶变换是通过把幅度随着时间变换的信号转变为功率随着频率变换的谱图，来提取信号的频域特征，这样的方法适合分析平稳信号，对于非平稳信号，不太合适，具有很大的局限性。而小波变换是一种时频分析法，具有多分辨率特性，可以在时域和频域都有良好的分辨率，适用于非平稳信号的处理。

小波变换是一种信号分析理论，它的原理是用一族小波函数去表示或者去逼近信号。小波变换是时间和频率的局部化分析，通过伸缩平移等运算对信号进行多尺度细化，在高频处时间细分，在低频处频率细分。它是一种信号的时间-尺度分析方法，它的特点是多分辨率，具有时频局部化特性，可以对各种时变信号进行有效的分解，可以较好地将信号和噪声分离。

原则上，使用傅里叶分析可以用小波分析取代，并且小波分析比傅里叶分析更优，因为它在时域和频域两个方面同时具有良好的局部化性质。小波分析是进行信号时频分析的比较理想的工具。它是一种时间窗和频率窗都可以改变的时频局部化分析方法。小波分析在时频两域都具有信号局部特征的能力，在低频的部分可以具有较高的频率分辨率和较低的时间分辨率，在高频部分具有较高的时间分辨率和较低的频率分辨率。

常用的小波基函数包括小波函数、小波函数系和复数小波。小波基的选择是根据哪一组小波基取得的小波系数最大并且方差值小，就选择哪组小波基。

国际著名的小波分析学者 Inrid Daubechies 构造了小波函数 Daubechies，Daubechies 系中的小波基记为 db$N$，其中 N 为序列，N 取值 1，2，…，10。

（1）小波变换的定义

设函数 $\varphi(t)$ 的傅里叶变换为 $\Phi(j\Omega)$，如果它满足

$$C_{\phi}=\int_{R^*}\frac{|\Phi(j\Omega)|^2}{|\Omega|}\mathrm{d}\Omega<+\infty \tag{3-40}$$

式中，R^* 表示$(-\infty,0)\cup(0,+\infty)$，则称为 $\varphi(t)$ 基本小波函数，式(3-40) 称为小波函数的允许性条件。

小波变换提出了变换的时间窗，需要低频信息时，采用长的时间窗；需要高频信息时，采用短的时间窗。

引入尺度因子 a 和平移因子 b，假设 a，$b\in\mathrm{R}$，$a\neq0$，$\varphi(t)$ 在 a、b 作用下得到连续小波函数为

$$\varphi_{a,b}(t)=\frac{1}{\sqrt{|a|}}\varphi\left(\frac{t-b}{a}\right) \tag{3-41}$$

于是可以定义 $f(t)\in L^2(R)$的连续小波函数为

$$W_{\varphi}f(a,b)=\frac{1}{\sqrt{a}}\int_{-\infty}^{+\infty}f(t)\varphi\left(\frac{t-b}{a}\right)\mathrm{d}t=\sqrt{a}\int_{-\infty}^{+\infty}f(at)\varphi\left(t-\frac{b}{a}\right)\mathrm{d}t \tag{3-42}$$

利用傅里叶变换，可以得到连续小波变换的逆变换，如下所示。

$$\begin{aligned}f(t)&=\iint\limits_{R\times R}\frac{1}{C_{\phi}}(W_{\varphi}f)(a,b)\varphi_{a,b}(t)\frac{\mathrm{d}a\,\mathrm{d}b}{a^2}\\&=\frac{1}{\sqrt{|a|}C_{\phi}}\int_{-\infty}^{+\infty}\int_{-\infty}^{+\infty}(W_{\varphi}f)(a,b)\varphi\left(\frac{t-b}{a}\right)\frac{\mathrm{d}a\,\mathrm{d}b}{a^2}\end{aligned} \tag{3-43}$$

（2）离散小波变换

在实际运用中，连续小波变换要加以离散化。通常需要对尺度 a 和平移因子 b 进行离散采样。

一般按照某个常数 a_0 的整数幂进行取样，取 $a=a_0^j$（$a_0>0$，$j\in Z$），取 $b=kb_0a_0^j(b_0\in R,j\in Z)$，那么小波 $\varphi_{a,b}(t)$ 变为

$$\varphi_{a,b}(t)=a^{-\frac{1}{2}}\varphi\left(\frac{t-b}{a}\right)=a_0^{-\frac{j}{2}}\varphi(a_0^{-j}t-kb_0) \tag{3-44}$$

如果令 $a_0=2$，得到二进小波；如果令 $b_0=1$ 则得到二进正交小波。

$$\varphi_{a,b}(t)=2^{-\frac{j}{2}}\varphi(2^j t-k) \tag{3-45}$$

经过整理，得出相应的二进离散小波变换。

$$(D_\varphi f)(a,b)=\langle f(t),\overline{\varphi_{a,b}(t)}\rangle=2^{-\frac{j}{2}}\int_{-\infty}^{+\infty}f(t)\overline{\varphi(2^{-j}t-k)}\mathrm{d}t \tag{3-46}$$

进行信号处理，时域离散信号为 $x(n)$，定义 $x(n)$ 的离散小波变换为

$$D_\varphi X(j,k)=\sum_{n=-\infty}^{+\infty}x(n)\overline{\varphi_{j,k}(n)}=2^{-\frac{j}{2}}\sum_{n=-\infty}^{+\infty}x(n)\overline{\varphi(2^{-j}n-k)}(j,k,n\in Z) \tag{3-47}$$

（3）离散小波变换的快速算法——Mallat 算法

Meyer 在 1986 年提出的具有一定衰减性的光滑函数，其二进制伸缩与平移构成的规范正交基，使得小波得到发展。S. Mallat 在构造正交小波基时提出多分辨率分析的概念，形象地说明了小波的多分辨率特性，将所有的正交小波基的构造法统一起来看，在 Burt 和 Adelson 图像分解及重构的启发下，得出了 Mallat 正交小波构造方法以及正交小波变换的快速算法，也就是 Mallat 快速算法。以三层的分解为例对多变率分析进行说明，如图 3-1 所示。

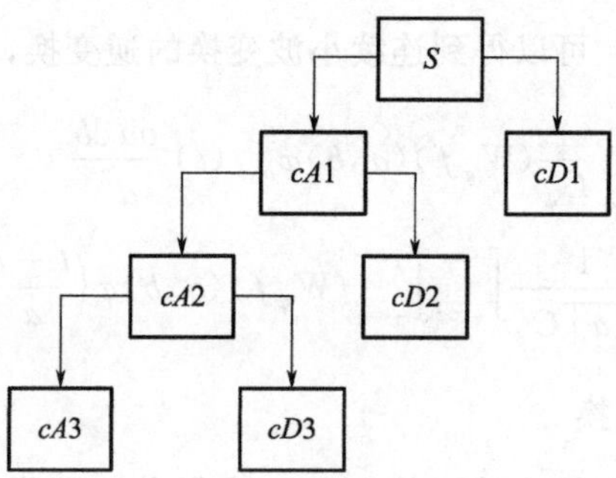

图 3-1　三层小波分解

这是三层的小波分解，它只对低频部分进行分解，对于高频的部分没有考虑。信号 $S=cA3+cD3+cD2+cD1$。其中，cA 为逼近的信号也就是低频部分，cD 为细节信号也就是高频部分。在函数空间 $L^2(R)$ 上，取一个基准空

间 V_0 将其压缩为原来的一半，得到新的空间 V_1，也就是 V_1 和 W_1，显然

$$V_0=V_1\oplus W_1 \tag{3-48}$$

对空间 V_1 做同样的运算，得到 V_2 和 W_2，依次进行下去，会得到一系列空间 V_0，V_1…和 W_0，W_1，…；反过来，对空间进行扩展也是同样的，会得到一系列的空间。这些空间满足以下关系。

① 单调性。

$$V_j\subset V_{j-1},j\in Z \tag{3-49}$$

② 渐进完全性。

$$\bigcup_{j=-\infty}^{+\infty}V_j\in L^2(R),\ \bigcap_{j=-\infty}^{+\infty}V_j=[0] \tag{3-50}$$

③ 伸缩性。

$$\forall j\in Z,f(t)\in V_j\Leftrightarrow f(2t)\in V_{j-1} \tag{3-51}$$

④ 平移不变性。

$$\forall k\in Z,f(t)\in V_j\Rightarrow f(t-2^jk)\in V_j \tag{3-52}$$

$$i\neq j,W_i\cap W_j=\phi;j\in Z,V_{j-1}=V_j\oplus W_j;i\leqslant j,W_j\subset V_i$$

$$\bigoplus_{-\infty}^{+\infty}W_j=L^2(R);\forall j\in Z,x(t)\in W_j\Leftrightarrow x(2t)\in W_{j+1} \tag{3-53}$$

要进行多层次的分解，可以依次类推进行。

经证明对空间 V_0 存在 $\lambda(t)\in V_0$，有 $a_n^{j-1}=\sum\limits_{l=-\infty}^{+\infty}h_{k-2l}a_l^j+\sum\limits_{l=-\infty}^{+\infty}g_{k-2l}d_l^j[\lambda(t-k)$，$k\in Z]$ 构成 V_0 的标准正交基，即对于函数空间 V_0 的任意函数 $x(t)$ 有由基函数构成的唯一线性组合。

$$x(t)=\sum_k a_k\lambda(t-k)=\sum_k\langle a(t),\lambda(t-k)\rangle\lambda(t-k) \tag{3-54}$$

式中，$\lambda(t)$ 为尺度函数。

Mallat 算法：Mallat 是一种有效的小波变换的快速算法。

分解算法：因 $V_j\in V_{j-1}$，$W_j\in V_{j-1}$ 因此空间的 V_j 标准正交基，也就是尺度函数的标准正交基，由小波函数 $2^{-\frac{1}{2}}\varphi(2^{-j}t-k)$ 均可通过空间 V_{j-1} 的标准正交基展开。

$$2^{-\frac{1}{2}}\lambda(2^{-j}t-k)=\sum_{t=-\infty}^{+\infty}\left\langle 2^{-\frac{j}{2}}\lambda(2^{-j}t-k),2^{-\frac{j-1}{2}}\lambda[2^{-(j-1)}t-l]\right\rangle$$

$$2^{\frac{j-1}{2}}\lambda[2^{-(j-1)}t-l]=\sum_{t=-\infty}^{+\infty}h_{l-2k}2^{\frac{j-1}{2}}\lambda[2^{-(j-1)}t-l] \tag{3-55}$$

$$2^{-\frac{1}{2}}\varphi(2^{-j}t-k)=\sum_{t=-\infty}^{+\infty}\left\langle 2^{-\frac{1}{2}}\varphi(2^{-j}t-k),2^{\frac{j-1}{2}}\lambda[2^{-(j-1)}t-l]\right\rangle$$

$$2^{\frac{j-1}{2}}\lambda[2^{-(j-1)}t-l]=\sum_{t=-\infty}^{+\infty}g_{l-2k}2^{-\frac{j-1}{2}}\lambda[2^{-(j-1)}t-l] \tag{3-56}$$

整理后，以 n 代替 t，令 $a_n^j=\left\langle x(n),2^{-\frac{j}{2}}\lambda(2^{-j}n-k)\right\rangle,d_n^j=\left\langle x(n),2^{-\frac{j}{2}}\varphi(2^{-j}n-k)\right\rangle$，$\bar{h}_n=h_{-n},\bar{g}_n=g_{-n}$，得出 Mallat 算法的分解算法如下。

$$a_n^j=\sum_{-\infty}^{+\infty}\overline{h_{2k-1}a_n^{j-1}}$$

$$d_n^j=\sum_{l=-\infty}^{+\infty}\overline{g_{2k-1}}a_n^{j-1} \tag{3-57}$$

分解的逆过程也就是重构算法为

$$a_n^{j-1}=\sum_{l=-\infty}^{+\infty}h_{k-2l}a_l^j+\sum_{l=-\infty}^{+\infty}g_{k-2l}d_l^j \tag{3-58}$$

小波变换常用的基本小波如下。

Daubechies(dbN) 小波系：该小波是 Daubechies 从两尺幅方程系数出发设计出来的离散小波正交系，简写为 dbN，N 表示小波的阶数。

双正交小波（biorNr. Nd）小波系：它主要应用在信号与图像的重构中。

Coiflet 小波系：Coiflet 函数是由 Daubechies 构造的一个小波函数。

SymletsA 小波系：它是由 Daubechies 提出的近似对称的小波函数，是对 db 函数的一种改进。

Haar 小波：是小波分析中使用得最早的一个正交小波函数，也是最简单的一个小波函数，在时域上是不连续的。

Mayer 小波：Meyer 小波的小波函数和尺度函数都是在频域中进行定义的，它的收敛速度很快。

Gaussian 小波：是高斯密度函数的微分形式，它是一种非正交与非双正交的小波，没有尺度函数。

小波去噪的 Python 程序如下。

In [116]:
```
import matplotlib.pyplot as plt
import pywt
from sklearn.decomposition import PCA
from sklearn.preprocessing import normalize
import pandas as pd
# Get data:
def xiaoboquzao(data):
    index = []
    data1 = []
    for i in range(len(data)):
        X = float(i)
        Y = float(data[i])

        index.append(X)
        data1.append(Y)

# Create wavelet object and define parameters
    w = pywt.Wavelet('db3')  # 选用Daubechies8小波
#maxlev = pywt.dwt_max_level(len(data), w.dec_len)
    print("maximum level is " + str(5))

    threshold =3.382158565527598 # Threshold for filtering

# Decompose into wavelet components, to the level selected:
    coeffs = pywt.wavedec(data1, 'db3', level=5)  # 将信号进行小波分解
#print(coeffs)
    plt.figure()
    for i in range(1,len(coeffs)):
        coeffs[i] = pywt.threshold(coeffs[i],threshold*max(coeffs[i]))# 将噪声滤波

    datarec1 = pywt.waverec(coeffs, 'db3')  # 将信号进行小波重构
    coeffs1=pywt.wavedec(datarec1,'db3',level=5)#将信号进行分解
#print(coeffs)
    mintime = 0
    maxtime = mintime + len(data1) + 1

    plt.figure()
    plt.subplot(3, 1, 1)
    plt.plot(index[mintime:maxtime], data1[mintime:maxtime])
    plt.ylim(-40,40)
    plt.xlabel('time (s)')
    plt.ylabel('microvolts (uV)')
    plt.title("Raw signal")

    plt.subplot(3, 1, 2)
    plt.ylim(-40,40)
    plt.plot(index[mintime:maxtime], datarec1[mintime:maxtime-1])
    plt.xlabel('time (s)')
    plt.ylabel('microvolts (uV)')
    plt.title("De-noised signal using wavelet techniques")

    plt.subplot(3,1,3)
    plt.plot(index[mintime:maxtime],data[mintime:maxtime]-datarec1[mintime:maxtime])
    plt.xlabel('time (s)')
    plt.ylabel('error (uV)')
    plt.ylim(-40,40)

    plt.tight_layout()
    plt.show()
    return datarec1,coeffs1
xiaoboquzao(df_Z15)
datarec3,coeffs3=xiaoboquzao(df_Z15)
print(datarec3)
print(coeffs3)
```

3.3.4 小波包理论

小波包的基本思想是对多分辨率分析中的小波子空间进行分解。

以三层小波包分解为例进行说明分解过程。A 代表低频，D 代表高频，右侧的数字代表小波分解几层。如 $DDA3$，这个 3 表示分解为 3 层，两个 D 分别表示第二层的高频和第三层的高频，A 表示第一层的低频。要选择的小波包尺度越大，分解的级数也越大，小波包相应的分辨率就会越低。

图 3-2 的分解关系为 $S=AAA3+DAA3+ADA3+DDA3+AAD3+DAD3+ADD3+DDD3$。

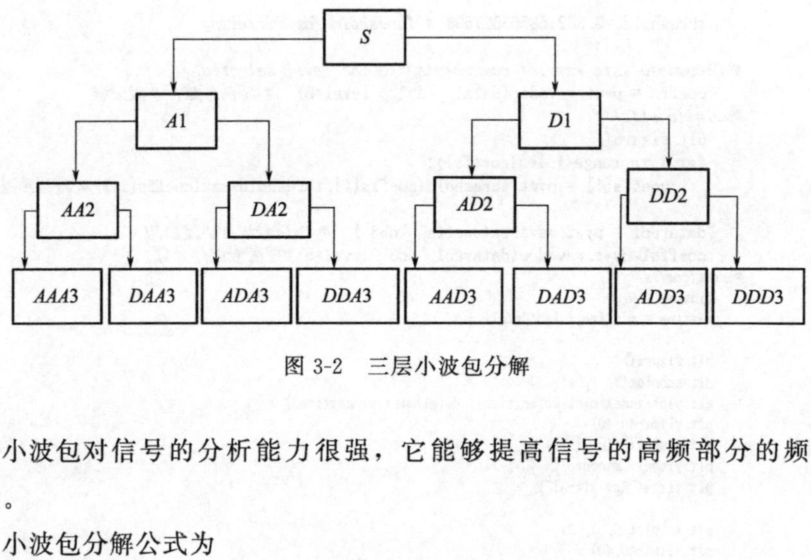

图 3-2　三层小波包分解

小波包对信号的分析能力很强，它能够提高信号的高频部分的频率局部性。

小波包分解公式为

$$
\begin{aligned}
p_j^{2i} &= \sum_k H(k-2t)\,p_{j-1}^{i}(t) \\
p_j^{2i+1} &= \sum_k G(k-2t)\,p_{j-1}^{i}(t)
\end{aligned}
\tag{3-59}
$$

式(3-59) 中第一个式子表示信号在第 j 层上有 $2j$ 个小波包，第 $2i$ 个小波包是第 $j-1$ 层上的第 i 个小波包分解滤波器 H 卷积后再隔点采样的结果。式中第二个式子表示第 $2i+1$ 个小波包是第 $j-1$ 层上的第 i 个小波包与小波分解滤波器 G 卷积后采样得到的结果。

小波包重构公式为

$$p_j^i(t)=2\left[\sum_k h(t-2k)p_{j+1}^{2i}(t)+\sum_k g(t-2k)p_{j+1}^{2i+1}(t)\right] \tag{3-60}$$

式中，第 j 层上的第 i 个小波包是第 $j+1$ 层上的第 $2i$ 个和第 $2i+1$ 个小波包隔点插零后的与小波重构滤波器 h、g 卷积之和。

可以选取好几种小波基进行分类，选取分类效率高的函数作为小波基函数。因为 db1 的图形和脑电信号图形比较相似，因此选取函数 db1 作为小波基函数。小波包分解图如图 3-3 所示。

```
In [98]: wp = pywt.WaveletPacket(data=tr, wavelet='db1',mode='symmetric',maxlevel=5)
         #根据频段频率（freq）进行排序
         print([node.path for node in wp.get_level(1, 'freq')])
         print([node.path for node in wp.get_level(2, 'freq')])
         print([node.path for node in wp.get_level(3, 'freq')])
         print([node.path for node in wp.get_level(4, 'freq')])
         print([node.path for node in wp.get_level(5, 'freq')])# 代码中tr表示输入的一维数据，执行结果如下

['a', 'd']
['aa', 'ad', 'dd', 'da']
['aaa', 'aad', 'add', 'ada', 'dda', 'ddd', 'dad', 'daa']
['aaaa', 'aaad', 'aadd', 'aada', 'adda', 'addd', 'adad', 'adaa', 'ddaa', 'ddad', 'dddd', 'ddda', 'dada',
'dadd', 'daad', 'daaa']
['aaaaa', 'aaaad', 'aaadd', 'aaada', 'aadda', 'aaddd', 'aadad', 'aadaa', 'addaa', 'addad', 'adddd', 'addda',
'adada', 'adadd', 'adaad', 'adaaa', 'ddaaa', 'ddaad', 'ddadd', 'ddada', 'dddda', 'ddddd', 'dddad', 'dddaa',
'dadaa', 'dadad', 'daddd', 'dadda', 'daada', 'daadd', 'daaad', 'daaaa']
```

```
In [99]: pywt.families()#打印小波家族
         #pywt.families(short=False)

Out[99]: ['haar',
          'db',
          'sym',
          'coif',
          'bior',
          'rbio',
          'dmey',
          'gaus',
          'mexh',
          'morl',
          'cgau',
          'shan',
          'fbsp',
          'cmor']
```

```
In [100]: #小波包分解中关键方法, 该方法输入原始信号tr， 小波函数'db1'，模式'symmetric'，以及最大的分解层数为3。返回wp是小波包树，根据小波包树我们可以提取
          wp = pywt.WaveletPacket(data=tr, wavelet='db1',mode='symmetric',maxlevel=5)
```

```
In [101]: #提取分解系数
          aaa = wp['aaa'].data #下面aaa是小波包变换第三层第一个的分解系数
```

```
In [102]: #所以可以使用下面的方法提取每一层的每个节点的小波系数，当然这个方法不太方便，需要一个一个的写，后面有更好的方法:
          a = wp['a'].data #第1个节点
          d = wp['d'].data #第2个节点
          #第二层
          aa = wp['aa'].data
          ad = wp['ad'].data
          dd = wp['dd'].data
          da = wp['da'].data
          #第三层
          aaa = wp['aaa'].data
          aad = wp['aad'].data
          ada = wp['add'].data
          add = wp['ada'].data
          daa = wp['dda'].data
          dad = wp['ddd'].data
          dda = wp['dad'].data
          ddd = wp['daa'].data
```

```
#第四层
aaaa = wp['aaaa'].data
aaad = wp['aaad'].data
aadd = wp['aadd'].data
aada= wp['aada'].data
adda= wp['adda'].data
addd = wp['addd'].data
adad = wp['adad'].data
adaa = wp['adaa'].data
ddaa = wp['ddaa'].data
ddad = wp['ddad'].data
dddd = wp['dddd'].data
ddda = wp['ddda'].data
dada = wp['dada'].data
dadd = wp['dadd'].data
daad = wp['daad'].data
daaa= wp['daaa'].data
```

```
In [103]: #作小波树图，下面代码中没有优化，后面做了优化：
plt.figure(figsize=(15, 10))
plt.subplot(4,1,1)
plt.plot(tr)
plt.ylim(-0.001,0.001)
#第一层
plt.subplot(4,2,3)
plt.plot(a)
plt.ylim(-0.001,0.001)
plt.subplot(4,2,4)
plt.plot(d)
plt.ylim(-0.001,0.001)
#第二层
plt.subplot(4,4,9)
plt.plot(aa)
plt.ylim(-0.001,0.001)
plt.subplot(4,4,10)
plt.plot(ad)
plt.ylim(-0.001,0.001)
plt.subplot(4,4,11)
plt.plot(dd)
plt.ylim(-0.01,0.01)
plt.subplot(4,4,12)
plt.plot(da)
plt.ylim(-0.001,0.001)
#第三层
plt.subplot(4,8,25)
plt.plot(aaa)
plt.ylim(-0.001,0.001)
plt.subplot(4,8,26)
plt.plot(aad)
plt.ylim(-0.001,0.001)
plt.subplot(4,8,27)
plt.plot(add)
plt.subplot(4,8,28)
```

3.3.5 PCA主成分分析

主成分分析（Principal Component Analysis，PCA）是降维中最经典的例子。

假定有 P 个与统计相关的性质指标集合，由于它们之间的相关性，在 P 个性质指标中存在冗余的信息，通过正交变换，获得 K 个新特征，这些新特征相互正交，由于彼此正交，新特征之间没有信息的冗余，这一过程称为特征提取。从空间变换的角度，特征提取的实质就是从 P 个原始变量的CP空间内，提取出彼此正交的 K 个新变量，组成CK空间。将一个存在信息冗余的多维空间变成一个无信息冗余的较为低维的空间，称这样一种线性变换称为降维。

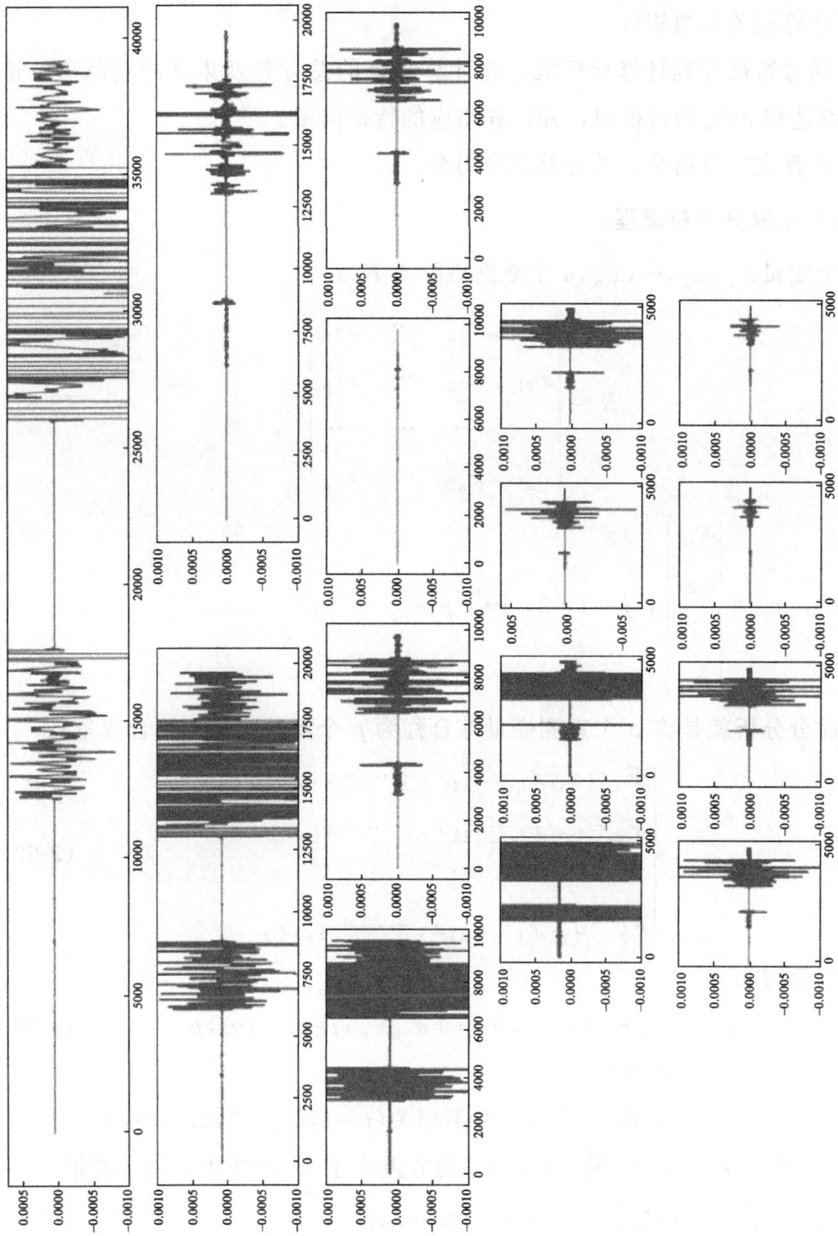

图 3-3 小波包分解

（1）主成分分析步骤

① 对数据预处理，实现数据的标准化。

② 计算相关系数矩阵。

③ 通过特征方程计算特征根，并计算解释的总方差及累计的贡献率，选择贡献率达到85%的特征根，并计算相应的特征向量。

④ 计算主成分得分，并计算综合得分。

（2）主成分分析原理

P 个变量 $x_1, x_2, \cdots, x_p$，n 个数据矩阵样本为

$$X=\begin{pmatrix} x_{11} & x_{12} & \cdots & x_{1p} \\ x_{21} & x_{22} & \cdots & x_{2p} \\ \cdots & \cdots & \cdots & \cdots \\ x_{n1} & x_{n2} & \cdots & x_{np} \end{pmatrix} \tag{3-61}$$

式中，$x_j=\begin{pmatrix} x_{1j} \\ x_{2j} \\ \vdots \\ x_{nj} \end{pmatrix}$，$j=1，2，\cdots，p$。

主成分分析就是将 p 个观测变量综合称为 p 个新的变量（综合变量）。

$$\begin{cases} F_1=a_{11}x_1+a_{12}x_2+\cdots+a_{1p}x_p \\ F_2=a_{21}x_1+a_{22}x_2+\cdots+a_{2p}x_p \\ \qquad\vdots \\ F_p=a_{p1}x_1+a_{p2}x_2+\cdots+a_{pp}x_p \end{cases} \tag{3-62}$$

可以简写为

$$F_j=a_{j1}x_1+a_{j2}x_2+\cdots+a_{jp}x_p, j=1,2,\cdots,p \tag{3-63}$$

模型要求满足下面的条件。

① 各分量不相关，即 F_i 和 F_j 互不相关($i\neq j, i, j=1,2,3,\cdots,p$)。

② F_1 的方差大于 F_2 的方差，F_2 的方差大于 F_3 的方差，以此类推。

③ $a_{k1}^2+a_{k2}^2+\cdots+a_{kp}^2=1$，$k=1,2,\cdots,p$。

F_1 为第一主成分，F_2 为第二主成分，以此类推，一共有 p 个主成分。a_{ij} 为主成分系数。

```
In [254]: #使用PCA进行降维
          #加载库
          from sklearn.preprocessing import StandardScaler
          from sklearn.decomposition import PCA
          from sklearn import datasets
          import pandas as pd

          #加载数据
          #标准化特征矩阵
          featuresyouzhuanzuozhuan=StandardScaler().fit_transform(dfyouzhuanzuozhuan3)
          #创建可以保留99%信息量（用方差表示）的PCA
          pcayouzhuanzuozhuan=PCA(n_components=0.99,whiten=True)
          #执行PCA
          features_pcayouzhuanzuozhuan=pcayouzhuanzuozhuan.fit_transform(featuresyouzhuanzuozhuan) #这个就是降维后的数据

          #显示结果
          print("original number of features:",featuresyouzhuanzuozhuan.shape[1])
          print("Reduced number of features:",features_pcayouzhuanzuozhuan.shape[1])
          fetpcaICAyouzhuanzuozhuan11=features_pcayouzhuanzuozhuan
          fetpcaICAyouzhuanzuozhuan22=DataFrame(fetpcaICAyouzhuanzuozhuan11)
          fetpcaICAyouzhuanzuozhuan22

          original number of features: 32
          Reduced number of features: 6
```

3.3.6 ICA 独立分量分析

独立成分分析（Independent Component Analysis，ICA）是从多元或者多维的数据中找出内在因子或者成分的一种方法，这种成分统计既独立又是非高斯的成分。

独立成分分析方法主要用于在混杂的信号中取出基信号，其基本结构如图 3-4 所示。

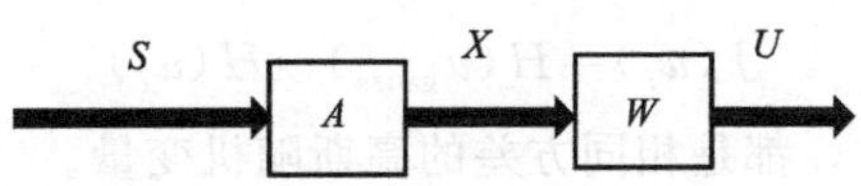

图 3-4 独立成分分析方法基本结构

它的模型很简单，就是从混合信号 $X=AS$ 中提取出基信号 S。也就是求出 A 的逆矩阵 W，而进一步得出 S。使用公式表示为 $U=WX=WAS$。公式表达了基信号 S 未知的情况下，从观测到的信号 X 中分离出各个基信号的分量。分离的 U 信号是对基信号的逼近。对于 ICA 的实现，应符合 ICA 的基本要求，首先要求独基信号 S 有单位方差，并且它的均值为零。其次独立基信号 S 是非高斯信号，最后要求观测信号数目要大于独立基信号的数目。

所以，这里的 U 是在三个条件下对 S 的逼近。为了使得 U 更好地逼近 S，

ICA 主要解决的两个问题是：目标函数和寻优算法。很多学者进行了这些方面的研究，比如互信息极小判据等。

信号的瞬时线性混合模型为 $X(T)=As(t)$；一组独立的基信号 $s(t)$ 和线性系统 A 混合在一起，得到观测到的信号 $x(T)$。只有观测信号 $x(T)$ 能看到，基信号 S 和 A 是未知的。而 ICA 就是要解决把 S 和 A 分开，求出 S 的各个分量的过程。

在进行独立分量分析时，估计理论和信息论是它包含的基本方法。

$$p(u)=\prod_{i=1}^{m} p(u_i) \tag{3-64}$$

设随机向量 $u(t)$ 的概率密度是 $p(u)$，它的分量 $u_i(t)$ 的概率密度为 $p(u_i)$，如果式(3-64) 成立，那么 $u(t)$ 各个分量之间独立，并且它和各个分量的互信息等于零。根据互信息的定义可得以下公式。

$$I(u_i,\cdots,u_m)=\sum_{i=1}^{m} H(u_i)-H(u) \tag{3-65}$$

这里的信息熵 $H(u)$ 为

$$H(u)=-\int p(u)\lg u\,du \tag{3-66}$$

根据负熵的定义得出

$$J(u_i)=k\,[E|G(u_i)|-E|G(v)|^2 \tag{3-67}$$

为了简化计算，对负熵近似计算。

$$J(u_i)=H(u_{\text{gauss}})-H(u_i) \tag{3-68}$$

这里的 v 是与 u_i，都是相同方差的高斯随机变量。

在进行独立分量之前，要使用特征值分解法对信号进行白化处理，取 $u_i=w^Tz$。

由此可以得出白化变量

$$z=\Lambda^{-\frac{1}{2}}D^T(x-E|x|) \tag{3-69}$$

将 $u_i=w^Tz$ 代入负熵近似计算公式得出

$$J(w^Tz)=k\,[E|G(w^Tz)|-E|G(v)|]^2 \tag{3-70}$$

寻找 $w*$，使得 $u_i=w^{*T}z$ 的负熵得到极大值，因此就得到了一个独立分量。构造如下目标函数。

$$F(w)=E\{G(w^Tz)\}+\lambda(\|w\|^2-1)^2 \tag{3-71}$$

求 w 使得 $F(w)$ 为最大值。

$$f(w)=\frac{\partial F(w)}{\partial w}=E\{xG'(w^Tz)\}+2\lambda(\|w\|^2-1)w=E\{xg(w^Tz)\}-\beta w=0 \tag{3-72}$$

$f(w)$ 为 $F(w)$ 的雅可比阵。解上面的方程得到 w，得到 ICA 递推公式如下。

$$w(k+1)=w(k)-f[w(k)]/f'[w(k)] \tag{3-73}$$

式中 $F(w)$ 的 Hessian 阵为

$$f'[w(k)]=E[xx^Tg'(w^Tz)]-\beta I \tag{3-74}$$

对 w 进行迭代，然后归一化。

$$w(k+1)=w(k+1)/\|w(k+1)\| \tag{3-75}$$

继续迭代收敛后，得出独立分量如下。

$$u_i=w^Tz \tag{3-76}$$

In [117]:
```
#ICA独立成分分析法
from sklearn.decomposition import FastICA
ICA = FastICA(n_components=8, random_state=12)
dr3=np.array(datarec3).reshape(-1,1)
datarec113=ICA.fit_transform(dr3)
datarec113
```

第 4 章

机器学习基础

机器学习是一门多领域交叉学科，涉及概率论、统计学、逼近论、凸分析、算法复杂度理论等多门学科。研究计算机模拟或实现人类的学习行为，可获取新的知识或技能，对已有的知识结构重新组织，有效地提高学习效率。

4.1 矩阵的基本知识

4.1.1 矩阵与向量

在科学和工程中，线性方程组可以用矩阵-向量形式表示。

$$Ax=b \tag{4-1}$$

式(4-1)是由线性方程组 $m\times n$ 简化而来的。

$$\begin{cases} a_{11}x_1+a_{12}x_2+\cdots+a_{1n}x_n=b_1 \\ a_{21}x_1+a_{22}x_2+\cdots+a_{2n}x_n=b_2 \\ \vdots \\ a_{m1}x_1+a_{m2}x_2+\cdots+a_{mn}x_n=b_m \end{cases} \tag{4-2}$$

式中

$$A=\begin{bmatrix} a_{11} & \cdots & a_{1n} \\ \cdots & \cdots & \cdots \\ a_{m1} & \cdots & a_{mn} \end{bmatrix} \tag{4-3}$$

$$x=\begin{bmatrix} x_1 \\ \vdots \\ x_n \end{bmatrix} \tag{4-4}$$

$$b=\begin{bmatrix} b_1 \\ \vdots \\ b_n \end{bmatrix} \tag{4-5}$$

当 $m=n$ 时，称矩阵 A 为正方矩阵；当 $m<n$ 时，称矩阵 A 为宽矩阵；当 $m>n$ 时，称矩阵 A 为高矩阵。

在物理问题的建模中，矩阵 A 往往是物理系统（线性系统、滤波器、无线信道等）的符号表示，在科学和工程中遇到的向量分为以下三种。

① 物理向量：泛指既有幅值，又有方向的物理量，比如速度、加速度、位移等。

② 几何向量：为了将物理向量可视化，常用有向线段表示。

③ 代数向量：几何向量可以用代数形式表示。用代数形式表示的几何向

量称为代数向量。比如几何向量的起点坐标 $A=(a_1,a_2)$，终点坐标为 $B=(b_1,b_2)$，该几何向量可以表示为代数形式如下。

$$v=\begin{bmatrix} b_1-a_1 \\ b_2-a_2 \end{bmatrix} \tag{4-6}$$

根据元素取值种类的不同，代数向量可以分为以下三种。

① 常数向量：向量的元素全部为实常数或者复常数。

② 函数向量：向量的元素包含了函数值。

③ 随机向量：向量的元素为随机变量或随机过程。

在实际应用中往往遇到的是物理向量，而几何向量是物理向量的可视化，代数向量是物理向量的运算化工具。

4.1.2 矩阵的基本运算

矩阵的基本运算包括矩阵的转置、共轭、共轭转置、加法和乘法。

若 $A=[a_{ij}]$是一个 $m\times n$ 矩阵，则 A 的转置记为 A^T，是一个 $n\times m$ 矩阵，元素为$[A^T]_{ij}=a_{ji}$，矩阵 A 的复数共轭 A^* 仍然是一个 $m\times n$ 矩阵，它的元素为$[A^*]_{ij}=a_{ij}^*$，矩阵 A 的共轭转置记为 A^H，它是一个 $n\times m$ 矩阵，定义为

$$A^H=\begin{bmatrix} a_{11}^* & a_{21}^* & \cdots & a_{m1}^* \\ a_{12}^* & a_{22}^* & \cdots & a_{m2}^* \\ \cdots & \cdots & \cdots & \cdots \\ a_{1n}^* & a_{2n}^* & \cdots & a_{mn}^* \end{bmatrix} \tag{4-7}$$

共轭矩阵与转置之间存在下列关系。

$$A^H=(A^*)^T=(A^T)^* \tag{4-8}$$

一个 $m\times n$ 分块矩阵 A 的共轭转置是一个由 A 的每个分块矩阵的共轭转置组成的 $n\times m$ 的分块矩阵。

$$A^H=\begin{bmatrix} A_{11}^H & A_{21}^H & \cdots & A_{m1}^H \\ A_{12}^H & A_{22}^H & \cdots & A_{m2}^H \\ \cdots & \cdots & \cdots & \cdots \\ A_{1n}^H & A_{2n}^H & \cdots & A_{mn}^H \end{bmatrix} \tag{4-9}$$

4.1.3　稀疏表示

信号的稀疏表示指的是使用少量基本信号的线性组合表示目标信号。压缩感知又称为压缩采样，是一种与数据采集的传统 Nyquist 方法不同的新采样技术。压缩感知理论认为，某些信号和图像可以用少样本恢复和重构，不必像传统方法那样用太多的样本。

一个含有大多数零元素的向量或者矩阵称为稀疏向量或者稀疏矩阵。

信号向量 $y \in R^m$ 最多可分解为 m 个正交基（向量）$g_k \in R^m, k=1,2,\cdots,m$，这些正交基的集合称为完备正交基。此时，信号分解为

$$y = Gc = \sum_{i=1}^{m} c_i g_i \tag{4-10}$$

式中，系数向量 c 一定是非稀疏的。

若将信号向量 $y \in R^m$ 分解为 n 个 m 维向量 $a_i \in R^m, i=1,2,\cdots,n(n>m)$ 的线性组合，则

$$y = Ax = \sum_{i=1}^{n} x_i a_i (n > m) \tag{4-11}$$

在 $n(>m)$ 个向量 $a_i \in R^m, i=1,2,\cdots,n$ 中不可能是正交基的集合。为了与基区别，这些列向量称为原子或框架。由于原子的数量 n 大于向量空间的维数，所以称这些原子的集合是过完备的，过完备的原子组成的矩阵 $A=[a_1,\cdots,a_n] \in R^{m\times n}(n>m)$ 称为字典或库。

字典（矩阵）A，通常作以下假设。

① A 的行数小于列数。

② A 具有满行秩。

③ A 的列具有单位 Euclidean 范数 $\| a_j \|_2 = 1, j=1,\cdots,n$。

信号过完备分解式称为欠定方程，存在无穷多组解向量 x。有两种方法求解这种欠定方程。

（1）经典方法（求最小 L_2 范数解）

$$\min \| x \|_2 \quad \text{subject to} \quad Ax = y \tag{4-12}$$

这种方法不太符合实际应用稀疏的要求，因为解是唯一的，其物理解释为最小能量解，这种解的每个元素一般取非零值。

(2) 现代方法(求最小 L_0 范数解)

$$\min \| x \|_0 \quad \text{subject to } Ax = y \tag{4-13}$$

L_0 范数 $\| x \|_0$ 是向量 x 的非零元素的个数。

这种方法针对实际应用情况，只选择一个稀疏的解向量，因为稀疏系数向量 x 是应用中令人最感兴趣的解。

在存在观测数据误差或背景噪声的情况下，最小 L_0 范数解为

$$\min \| x \|_0 \quad \text{subject to } \| Ax - y \|_2 \leqslant \varepsilon \tag{4-14}$$

式中，ε 为一很小的误差或扰动。

当系数 x 为稀疏向量时，信号分解 $y = Ax$ 称为信号的稀疏分解。其中，字典矩阵 A 的列称为解释常量。向量 y 称为响应变量或目标信号。Ax 称为响应的线性预测，x 则视为目标信号 y 相对于字典 A 的一种表示。

稀疏表示是机器学习、模式识别、信号处理、通信、信息论、计算机视觉等领域的一大研究和应用热点。

4.2 脑电信号的数据处理

① 载入需要的各种库。

In [1]:
```
import numpy as np
import matplotlib.pyplot as plt
import os
from sklearn import preprocessing
import pywt
import pywt.data
import pandas as pd
```

② 从 e 盘读入数据(此数据是由脑电数据转变成的 txt 文件)，并查看数据。

In [2]:
```
df=pd.read_csv('e:\\2020\\data3.txt',sep='\t')

df.shape
df.head(2)
```

Out[2]:

	xuhao	leibie	Unnamed: 2	Unnamed: 3	Unnamed: 4	Unnamed: 5	Unnamed: 6	Unnamed: 7	Unnamed: 8	Unnamed: 9	...	Unnamed: 760	Unnamed: 761	Unnamed: 762	Unnamed: 763
0	16	R	-0.470793	-0.249510	0.213251	0.375241	0.038111	-0.390818	-0.508821	-0.319416	...	-0.136335	0.133852	0.328925	0.375394
1	16	R	-0.567436	0.270887	0.391875	-0.414986	-1.106893	-0.890131	-0.212547	-0.037947	...	-0.665119	-0.713151	0.036725	0.597642

2 rows × 770 columns

4.3 树和随机森林算法

（1）决策树

基于树的学习算法是一种非参数化的有监督学习算法，它是包含决策规则的决策树，之所以叫做决策树是因为这些决策规则看起来像一棵倒置的树。第一个决策规则在树的顶部，然后决策规则向下面展开，每一个决策规则产生一个决策节点，这个决策节点包含新的节点的分支。没有决策规则的分支是叶子节点。决策树的结构和流程图比较类似，对输入数据点分类或者根据给定输入来预测输出值。

程序代码如下。

In [2]:
```
#加载库
from sklearn.tree import DecisionTreeClassifier
from sklearn import datasets
#加载数据
iris=datasets.load_iris()
features=iris.data
target=iris.target
#创建决策树分类器对象
decisiontree=DecisionTreeClassifier(random_state=0)
#训练模型
model=decisiontree.fit(features,target)
```

In [6]:
```
#创建新样本
observation=[[5,4,3,2]]
#预测样本的分类
model.predict(observation)
```

Out[6]:
```
array([1])
```

（2）随机森林

21 世纪初，Leo Breiman 提出了著名的随机森林算法，这种算法便捷并且独特，是机器学习领域中很受欢迎的算法。随机森林算法用于医疗、营销等方面，也用于交通领域，相比于其他算法，随机森林算法的准确性比较高。

随机森林是一种通过集成学习的思想将多棵树集成的一种算法，它的元分类器是回归树，在进行训练的时候采用的是 Bagging 方法，是由无数个决策树组成的集成算法。集成学习算法在处理任务时，是采用很多个学习器来工作的，这样可以使得算法对新鲜样本的适应能力大大提升，最有代表性的就是 Bagging 法和 Boostiing 法，集成学习是将多个不同的基模型组合成一个模型的学习方法，利用多个基模型之间的差异使得模型表现得更好。

Boosting 算法最初是由 Schapire 提出的，Schapire 通过研究发现强分类器能够由若干弱分类器集成，他的发现为集成学习打下了很好的理论基础。Boosting 算法经过很多年的改进和发展，有了较多的变化，比较典型的是 AdaBoost 算法。使用 Boosting 算法处理分类任务时，首先将其分为若干子分类器，让它们各自聚焦于特定的复杂数据，其次再把它们合并为强分类器。Boosting 算法的步骤为：首先在样本集合 S 中 t 次采样，统计学习这些子样本，可以得到假设 R_{i}，将这些假设合并到一起组成 R_{f}，最后将 R_{f} 用于处理具体的分类任务。下面的公式分别展示了 Boosting 算法的三个核心要素，即函数模型、目标函数和优化算法。

$$F(x)=\sum_{i=1}^{k} f_i(x;\theta_i) \tag{4-15}$$

$$E[F(x)]=E\left[\sum_{i=1}^{k} f_i(x;\theta_i)\right] \tag{4-16}$$

$$\theta_m^* = \underset{\theta_m}{\operatorname{argmin}} E\left[\sum_{i=1}^{k} f_i(x;\theta_i)\right]+f_m(x;\theta_m) \tag{4-17}$$

Bagging 算法也是集成学习的典型，它基于自助采样算法。首先从大小为 t 的数据集中有放回地进行随机采样。这样经过 t 次随机采样操作之后，可以得到 t 采样集，最后使用投票表决决定分类问题，用取平均值作为结果来解决回归问题。

随机森林有两个核心问题，一个是随机，一个是森林。森林表示由很多个决策树组成的，所有的决策树都可以看成分类器，输入数据之后，每个决策树都有自己的分类结果。最后随机森林汇总这些结果，把每种结果都考虑到，把获得最多投票的结果作为随机森林的输出。

随机森林中有多种分类器，分类的第一步是将样本输入每个分类树中，以根据特定标准来分类，第二步是每个分类树都能独立地决定对这个分类结果，并将票数最多的作为结果。分类树之间相互独立。几个优质的分类树能够不受噪声影响，给出比较好的结果。如果想要一个强分类器，可以将几个弱分类器的结果综合起来考虑。

运用随机森林算法的程序如下。

```
In [8]: #加载库
        from sklearn.ensemble import RandomForestClassifier
        from sklearn import datasets
        #加载数据
        iris=datasets.load_iris()
        features=iris.data
        target=iris.target
        #创建随机森林分类器对象
        randomforest=RandomForestClassifier(random_state=0,n_jobs=-1)
        #训练模型
        model=randomforest.fit(features,target)
        #创建新样本
        observation=[[5,4,3,2]]
        #预测样本分类
        model.predict(observation)
Out[8]: array([1])
```

4.4 KNN 算法

KNN 分类器是有监督学习的一种简单普遍的分类器之一。KNN 分类器没有训练一个模型做预测，而是将观察值的分类判定为离它最近的 k 个观察值中占比例最大的那个分类。

KNN 的原理就是当预测一个新的值的时候，根据它距离最近的 k 个点是什么类别来判断这个值的类别。通过欧氏距离或者曼哈顿距离计算得到两个点的距离，对所有的点和这个新的点的距离的大小来判断这个点的类别。

欧式距离采用得最多（二维空间的两个点）。

$$\rho=\sqrt{(x_2-x_1)^2+(y_2-y_1)^2} \tag{4-18}$$

多维空间的点的距离公式为

$$d(x,y)=\sqrt{(x_1-y_1)^2+(x_2-y_2)^2+\cdots+(x_n-y_n)^2}=\sqrt{\sum_{i=1}^{n}(x_i-y_i)^2} \tag{4-19}$$

程序代码如下。

```
In [9]: #加载库
        from sklearn import datasets
        from sklearn.neighbors import NearestNeighbors
        from sklearn.preprocessing import StandardScaler
```

```
In [14]: #加载数据
         iris=datasets.load_iris()
         featrues=iris.data
         #创建standarizer
         standardizer=StandardScaler()
         #特征标准化
         features_standardized=standardizer.fit_transform(features)
         #两个最近的观察值
         nearest_neighbors=NearestNeighbors(n_neighbors=2).fit(features_standardized)
         #创建一个观察值
         new_observation=[1,1,1,1]
         #获取离观察值最近的两个观察值的索引，以及到这两个点的距离
         distances,indices=nearest_neighbors.kneighbors([new_observation])
         features_standardized[indices]

Out[14]: array([[[1.03800476, 0.56925129, 1.10395287, 1.1850097 ],
                 [0.79566902, 0.33784833, 0.76275864, 1.05353673]]])
```

4.5 贝叶斯理论

贝叶斯分类是一系列分类算法的总称，这些算法以贝叶斯理论为基础，所以统称为贝叶斯分类。朴素贝叶斯算法是其中应用最为广泛的分类算法之一。在 Python 中的 Sklearn 模块库中，有很多关于贝叶斯原理的算法函数，比如：MultinomialNB-多项式朴素贝叶斯算法，函数接口是 MultinomialNB(alpha=1.0，fit _ prior=True，class _ prior=None)；GaussianNB-高斯朴素贝叶斯算法；BernoulliNB-伯努利朴素贝叶斯算法。

（1）条件概率和乘法定理

设 A 和 B 是任意两个事件，且 $P(A)>0$，则在事件 A 已经发生的条件下，事件 B 发生的条件概率为

$$P(B/A)=\frac{P(AB)}{P(A)} \tag{4-20}$$

式中，$P(A)$ 称为先验概率；$P(B/A)$ 称为后验概率。

因此，可得到乘法定理。

若对任意两个事件 A 和 B 都有 $P(A)>0$，$P(B)>0$，则有

$$P(AB)=P(A)P(B|A)=P(B)P(A|B) \tag{4-21}$$

设 $A_1,A_2,\cdots,A_n$ 为任意 n 个事件，$n\geqslant2$，且 $P(A_1,A_2,\cdots,A_n)>0$，

则有

$$P(A_1A_2\cdots A_n)=P(A_1)P(A_2|A_1)P(A_3|A_1A_2)\cdots P(A_n|A_1A_2\cdots A_{n-1}) \tag{4-22}$$

对任意事件 B，有全概率公式。

$$P(B)=\sum_{i=1}^{n}P(A_i)P(B\mid A_i) \tag{4-23}$$

由以上条件概率和全概率公式可以得到贝叶斯定理，如下所示。

$$P(A_j\mid B)=\frac{P(A_j)P(B\mid A_j)}{\sum_{i=1}^{n}P(A_i)P(B\mid A_i)} \tag{4-24}$$

（2）朴素贝叶斯分类器

朴素贝叶斯分类器是基于式(4-25) 工作的。

$$P(y|x_1,\cdots,x_j)=\frac{P(x_1,\cdots,x_j|y)P(y)}{P(x_1,\cdots,x_j)} \tag{4-25}$$

式中，$P(y|x_1,\cdots,x_j)$为后验概率；$P(x_1,\cdots,x_j|y)$为似然概率；$P(y)$为先验概率；$P(x_1,\cdots,x_j)$为边缘概率。

假设特征 x 的似然概率服从正态分布。

$$p(x_j|y)=\frac{1}{\sqrt{2\pi\sigma_y^2}}e^{-\frac{(x_j-\mu_y)^2}{2\sigma_y^2}} \tag{4-26}$$

程序代码如下。

In [19]:
```
#加载库
from sklearn import datasets
from sklearn.naive_bayes import GaussianNB
#加载数据
iris=datasets.load_iris()
features=iris.data
target=iris.target
#创建搞死朴素贝叶斯对象
classifer=GaussianNB()
#训练模型
model=classifer.fit(features,target)
#创建一个观察值
new_observation=[[4,4,4,0.4]]
#预测分类
model.predict(new_observation)
```

Out[19]:
```
array([1])
```

4.6 支持向量机

支持向量机（Support Vector Machines，SVM）是一种机器学习方法，它是解决如何由一个非线性问题转换到另一个线性空间的问题。它基于结构风险最小化原则，它的主要特点是运用小样本、非线性、高维数等，在运行速度上比较慢，对于大型数据处理不太适用。SVM 模型能够处理模式识别和回归问题，并且可以应用到预测和综合评价等领域。

SVM 是由美国的 Vapnik 教授在 20 世纪 90 年代初提出的，在 90 年代后期得到了发展，是一种受欢迎的机器学习方法。它是将输入样本通过函数变换映射到高维空间，使得样本分离。在 SVM 算法中，核算法是其中重要的一部分，在 SVM 分类中关键就是构造出核函数，就是寻找一个代替在特征空间中的内积计算的核函数。

支持向量机的结构示意如图 4-1 所示。

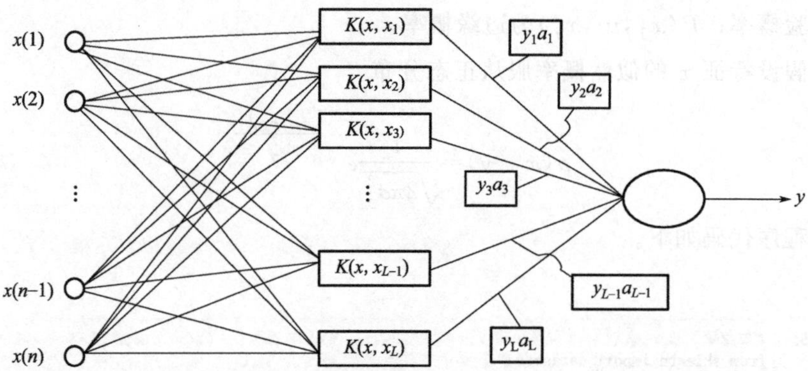

图 4-1　支持向量机的结构示意

支持向量机主要用来解决分类和回归问题。本书只研究分类问题。根据给定的训练集 $T=\{(x_1,y_1),\cdots,(x_l,y_l)\}\in(X\times Y)^l$，其中 $x_i\in X=R^n$，$y_i\in Y=\{1,-1\}$，$i=1,\cdots,l$，在 $X=R^n$ 上寻找一个实值函数 $g(x)$，以便用决策函数 $f(x)=\mathrm{sgn}[g(x)]$推断 x 相对应的 y 值。当 $g(x)$ 为线性函数时，称为线性分类学习机；当 $g(x)$ 为非线性函数时，称为非线性分类学习机。

支持向量机是针对线性可分情况进行分析，对于不可分的情况，利用非线性映射的方法将低维转化为高维特征空间使其线性可分，因此使得样本的非线性特征进行线性分析成为可能。它基于结构风险最小化理论之上，在特征空间构造最优分割超平面，得到全局最优化。它的目标是根据结构风险最小化原理，构造一个目标函数进行分类。

在解决支持向量机分类的时候，需要理解拉格朗日乘子法和 KKT 条件。

（1）拉格朗日乘子法

给定一个最优化问题，最优化目标函数为 $f(\vec{w})$，约束条件为 $h_i(\vec{w})=0$，$i=1,2,\cdots,m$。拉格朗日函数为

$$J(\vec{w},\vec{\beta})=f(\vec{w})+\sum_{i=1}^{m}\beta_i h_i(\vec{w}) \tag{4-27}$$

式中，β_i 为拉格朗日乘子。

偏导方程的求解：$\dfrac{\partial J}{\partial w}=0$，$\dfrac{\partial J}{\partial \beta_i}=0$，可以求得 w 和 β 的值。

（2） KKT 条件

当约束条件为不等式约束时，则拉格朗日乘子法不能解决问题，就需要使用 KKT 条件来求取问题的解。最小化目标函数为 $f(\vec{w})$，约束条件为 $h_i(\vec{w})=0,i=1,2\cdots,m$，$g_i(\vec{w})\leqslant 0,i=1,2\cdots,k$。

拉格朗日函数为

$$J(\vec{w},\vec{\beta})=f(\vec{w})+\sum_{i=1}^{k}\beta_i h_i(\vec{w})+\sum_{i=1}^{k}a_i g_i(\vec{w}) \tag{4-28}$$

λ_i 和 μ_i 为拉格朗日乘子，可以列出方程为

$$\begin{cases} \dfrac{\partial J}{\partial w}=0 \\ \dfrac{\partial J}{\partial \beta_i}=0 \\ a_i g_i(\vec{w})=0,i=1,2,3,\cdots,k \\ g_i(\vec{w})\leqslant 0,i=1,2,3,\cdots,k \\ a_i(\vec{w})\leqslant 0,i=1,2,3,\cdots,k \end{cases} \tag{4-29}$$

这个含有不等式约束的优化问题，使用KKT条件来解决，把上面的这些不等式约束、等式约束和目标函数用一个公式表达为：$L(a,b,x)=f(x)+a*g(x)+b*h(x)$，KKT条件要求最优值必须满足以下条件：$a*g(x)=0$对$x$求导为零；$h(x)=0$；$a*g(x)=0$。求取这三个等式后就能得到最优值。

线性支持向量分类机的算法如下。

设二分类样本集$\{(x_i,y_i)\mid x_i\in R^n;y_i\in\{-1,+1\},i=1,\cdots,I\}$，找出间隔最大的最优超平面$L$，能够把标为$-1$和$+1$的两类点分开。

在n维欧几里得空间中超平面L可以用线性方程$\langle w,\ x\rangle+b=0$表示，式中，w为系数向量；x为n维变量；$\langle w,x\rangle$为内积；b为常数。

点x_i到超平面的距离d可以表示为

$$d(x_i,L)=\frac{|\langle w,x_i\rangle+b|}{\|w\|} \tag{4-30}$$

要使得d最大，也就是使得$\frac{1}{2}\|w\|^2$最小。因此，得到在约束条件下的极值问题如下。

$$\begin{cases}\min\frac{1}{2}\|w\|^2\\ y_i(\langle w,x_i\rangle+b\geqslant 1,i=1,2,\cdots,I\end{cases} \tag{4-31}$$

在求带有约束条件的优化时，引入拉格朗日算法来求解比较方便，拉格朗日乘子$a=(a_1,a_2,\cdots,a_l)$，解关于该参变量的方程。

$$Q(a)=\sum_{i}^{l}\frac{1}{2}a_ia_jy_iy_j\langle x_i,x_j\rangle \tag{4-32}$$

约束条件为

$$\sum_{i,j=1}^{l}a_iy_i=0,a_i\geqslant 0,i=1,2,\cdots,I \tag{4-33}$$

$Q(a)$达到最大值的a的分量有很多都为0。不为0的a所对应的样本就是支持向量。线性可分情况下的最优分类线如图4-2所示。

在线性不可分的情况下，将低维的数据映射到更高的维次，使得数据重新线性可分。转化的关键就是核函数的选择。

由于在采集样本数据时可能存在误差，引入松弛变量ξ_i对问题进行优化，于是得到转化的拉格朗日函数为

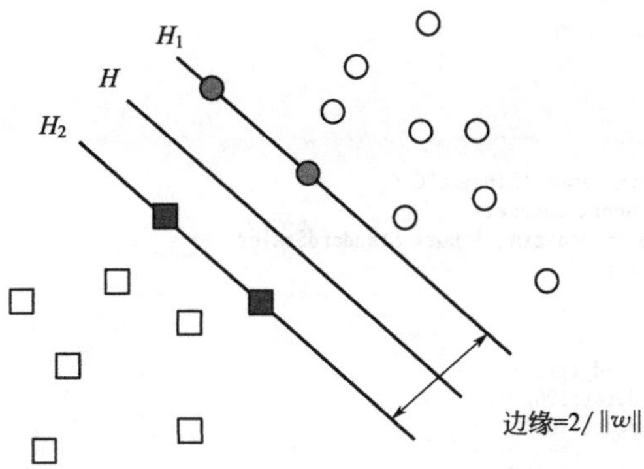

图 4-2　线性可分情况下的最优分类线

$$L=\frac{1}{2}\|w\|^2+C\sum_i \xi_i-\sum_i a_i\{y_i[(wx)+b]-1+\xi_i\}-\sum_i \mu_i\xi_i \tag{4-34}$$

其对偶问题为

$$\max Q(a)=\sum_{i=1}^{l} a_i-\frac{1}{2}\sum_{i=1}^{l}\sum_{j=1}^{l} y_i y_j a_i a_j (x_i x_j)$$

$$s.t. \sum_{i=1}^{t} y_i a_i x_i=0,$$

$$0\leqslant a_i\leqslant C, i=1,\cdots,t \tag{4-35}$$

其中 C 为惩罚参数，其对应的条件为

$$\begin{aligned} &a_i\{y_i[(wx)_i+b]-1+\xi\}_i=0\\ &(C-a_i)\xi_i=0 \end{aligned} \tag{4-36}$$

求得 b 为

$$\sum_{x_i} y_i a_i (x_i x)+b=0 \tag{4-37}$$

得出判别函数为

$$y=\operatorname{sgn}\left[\sum_{i=1}^{t} y_i a_i (x_i x)+b\right] \tag{4-38}$$

选择不同的核函数，得到不同的 SVM，常用的核函数有：线性核函数 $K(x,y)=xy$，多项式核函数 $K(x,y)=[(xy)+1]^\wedge d$，径向基核函数 $K(x,y)=\exp(-|x-y|^\wedge 2/d^\wedge 2)$，高斯核函数 $K(x,y)=\exp\left(-\frac{\|x-y\|^2}{2\sigma^2}\right)$，二层神经网络核函数 $K(x,y)=\tanh[a(xy)+b]$。

程序代码如下。

In [15]:
```
#加载库
from sklearn.svm import LinearSVC
from sklearn import datasets
from sklearn.preprocessing import StandardScaler
import numpy as np
```

In [16]:
```
#加载数据
iris=datasets.load_iris()
features=iris.data[:100,:2]
target=iris.target[:100]
#标准化特征
scaler=StandardScaler()
features_standardized=scaler.fit_transform(features)
#创建支持向量机分类器
svc=LinearSVC(C=1.0)
#训练模型
model=svc.fit(features_standardized,target)
```

In [18]:
```
#加载库
from matplotlib import pyplot as plt
#画出样本点
color=["black" if c==0 else "lightgrey" for c in target]
plt.scatter(features_standardized[:,0],features_standardized[:,1],c=color)
#创建超平面
w=svc.coef_[0]
a=-w[0]/w[1]
xx=np.linspace(-2.5,2.5)
yy=a*xx-(svc.intercept_[0])/w[1]

#画出超平面
plt.plot(xx,yy)
plt.axis("off"),plt.show();
#创建一个新的样本点
new_observation=[[-2,3]]
#预测新样本点的分类
svc.predict(new_observation)
```

分类识别如图 4-3 所示。

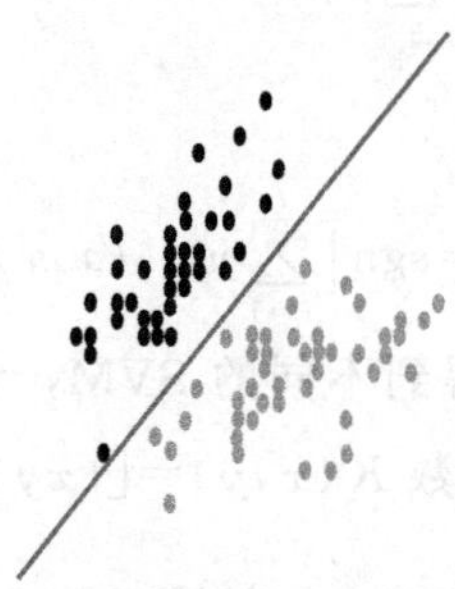

Out[18]: array([0])

图 4-3　分类识别

4.7　神经网络原理

4.7.1　人工神经网络及其优化技术

1943 年，数理逻辑学家 McCulloch 和心理学家 Pitts 首先提出神经元数学模型。1949 年 Hebb 从心理学的角度提出了 Hebb 学习法则。20 世纪 60 年代初期，Rosenblatt 设计了一种多层神经网络的感知机。美国物理学家 Hopfield 在神经网络中引入李雅谱诺夫能量函数，使用非线性动力学的方法分析神经网络。20 世纪 60 年代初期，Widrow 和 Hoff 提出了自适应线性神经网络。

1985 年 Rumelhart 和 McClelland 提出误差后向传播（Back Propagation，BP）学习算法，BP 神经网络是目前应用最广泛的神经网络算法，它具有很强的解决问题的能力。人工神经网络已经成为神经科学、脑科学、心理学、认知科学、计算机科学和数理科学、交通等领域的重要组成部分，作为人类智能研究的重要部分之一，近年来各个领域的学者对其产生一定的兴趣和参与性，成为各个领域研究的专题之一。在人工神经网络的应用中，大部分采用 BP 神经网络或者它的变换形式。

（1）神经网络模型

人工神经网络是一种类似于人类神经系统的信息处理技术，它是将生物学原理应用于计算机科学的成果。人工神经网络是一种基于生物神经网络建立的数据处理模型，由大量的人工神经元相互连接，并且根据外界的变化不停地调整自身的结构，通过调整神经元的权值对输入的数据进行建模，然后解决实际问题。神经网络包括很多种，最常用的一种是 BP 神经网络。

神经网络的主要应用如下。

① 模式识别。神经网络的非线性给模式识别带来更好的识别能力，它能将非线性的问题通过映射到一个高维的空间来解决和识别。

② 聚类。分类是指有监督的学习，是在已知正确类别样本的情况下进行分类。而聚类则完全根据给定的样本间的相似性进行集合分类。

③ 回归与拟合。神经网络具有对函数拟合问题很好的解决能力。相似的样本输入神经网络进行映射能够得到相近的输出。

④ 优化计算。优化计算就是寻找一组参数的组合，使得组合确定的目标

函数找到最小值的过程，神经网络的训练过程就是调整权值，使得输出误差最小化的过程。

⑤ 数据压缩。神经网络将数据存储在权值中，就是一种数据压缩的过程，实际上它就是将原有的数据用更小的数量表示。

（2） BP 神经网络训练

通过反向传播算法来调整 BP 神经网络的参数。BP 神经网络参数的调整方法主要有：梯度下降法、弹性梯度下降法、有动量的梯度下降法、量化共轭梯度法、Fletcher-Reeves 共轭梯度法、Powell-Beale 共轭梯度法、Polak-Ribiere 共轭梯度法等。

（3） BP 神经网络训练的组成

① 确定参数。

输入向量：$X=[x_1,x_2,\cdots,x_n]^T$（n 为输入层单元数）。

输出向量：$Y=[y_1,y_2,\cdots,y_q]^T$（q 为输出层单元数）。

希望输出向量：$O=[o_1,o_2,\cdots,o_q]^T$。

确定隐含层输出向量：$B=[b_1,b_2,\cdots,b_p]^T$（p 为隐含层单元数）。

初始化输入层至隐含层的连接权值：$W_j=[w_{j1},w_{j2},\cdots,w_{jq}]^T,j=1,2,\cdots,p$。

初始化隐含层输出层的连接权值：$V_k=[v_{k1},v_{k2},\cdots,v_{kp}]^T,k=1,2,\cdots,q$。

② 输入模式。

隐含层各个神经元的激活值为

$$s_k=\sum_{j=1}^{p}v_{kj}b_j-\theta_k(j=1,2,\cdots,p) \tag{4-39}$$

激活函数采用 S 型函数，它是连续可微分的，比其他函数更接近于生物神经元的信号输出形式。$f(x)$ 为 S 型激活函数。

S 型函数为

$$f(x)=\frac{1}{1+\exp(-x)} \tag{4-40}$$

将激活值代入激活函数中可得隐含层 j 单元的输出值。

$$b_j = f(s_j) = \frac{1}{1 + \exp(-\sum_{i=1}^{n} w_{ji} x_i + \theta_j)} \tag{4-41}$$

式中，w_{ji} 为输入层至隐含层的连接权；θ_j 为隐含层单元的阈值。

输出层第 k 个单元的激活值为

$$s_k = \sum_{j=1}^{p} v_{kj} b_j - \theta_k \tag{4-42}$$

式中，θ_k 为输出层单元阈值。

输出层第 k 个单元的实际输出值为

$$y_k = f(s_k)(k=1,2,\cdots,q) \tag{4-43}$$

③ 输出模式。

当输出值与希望的输出值不一样时或者误差大于所限定的数值时，要对网络进行校正。校正是从后向前进行的，先通过输出层到隐含层，再从隐含层到输入层，循环往复直至误差或者输出的实际值和输出的希望值一致为止。

输出层的校正误差为

$$d_k = (o_k - y_k) y_k (1 - y_k)(k=1,2,\cdots,q) \tag{4-44}$$

式中，o_k 为希望输出；y_k 为实际输出。

隐含层各单元的校正误差为

$$e_j = (\sum_{k=1}^{q} v_{kj}) b_j (1 - b_j) \tag{4-45}$$

对于输出层至隐含层连接权和输出层阈值的校正量为

$$\begin{aligned} \Delta v_{kj} &= a d_k b_j \\ \Delta \theta_k &= a d_k \end{aligned} \tag{4-46}$$

式中，b_j 为隐含层 j 单元的输出；d_k 为输出层的校正误差；a 为学习系数，$a>0$。

隐含层至输入层的校正量为

$$\begin{aligned} \Delta w_{ji} &= \beta e_j x_i \\ \Delta \theta_j &= \beta e_j \end{aligned} \tag{4-47}$$

式中，e_j 为隐含层 j 单元的校正误差；β 为学习系数，$0<\beta<1$。

BP 神经网络在每次训练结束后，都要进行学习结果的判别。判别输出误差是否小到允许的一定程度，如果到了允许的程度，就结束学习过程，否则还要循环训练。

（4） BP 神经网络的设计

① 网络种类和网络层数的确定。

在运用神经网络时，不同的对象建立的网络结构不同。

大多数通用的神经网络都事先已经确定了网络的层数，但是 BP 神经网络包含不同的隐含层，经大量的分析研究表明，在不限制隐含层节点数目的情况下，两层的 BP 网络能实现任意非线性映射。如果样本数量较少，较少的隐含层神经元数量，也能实现模式样本空间的划分。因此，选择两层的 BP 神经网络即可。如果样本数较多，可以增加一个隐含层，但是 BP 网络隐含层数一般不超过两层。

在实际确定的时候，隐含层数没有明确的规定。一般在增加隐含层时能够降低网络的误差，提高精度，但是网络会变得更加复杂。因此，网络训练的时间也会增加，这个时候容易出现过拟合的现象，泛化能力下降。目前，BP 网络为了达到更好的效果，容易实现，训练效果又好，一般选择三层的 BP 神经网络，并可以通过增加神经元数量的方法来获得较低的误差。

② 传递函数的确定。

BP 神经网络通过 S 型函数来表示它的非线性逼近能力，因此隐含层一般采用 S 型传递函数，输出层的传递函数也可以采用 S 型传递函数或线性传递函数。如果网络的输出范围没有任何限制时，使用线性传递函数。如果 S 型传递函数为输出层传递函数的时候，它的非线性逼近速度大于线性传递函数，但是网络输出被限制在（0，1）或者（−1，1）。

选用 S 型传递函数为输入层和隐含层。

③ 确定输入层和输出层神经元数量。

根据识别特征所得到的特征向量的维数来确定输入层神经元的数量。特征向量维数不能太大，如果维数太大，速度和精度得不到改善。如果维数过低，不能描述脑电特征之间的差异，如果维数较高，脑电特征识别的很小的偏移就会特别敏感。

④ 确定隐含层神经元的数量。

关于隐含层神经元数量的选择十分重要，它的选择影响神经网络模型的性能，如果选择不好，训练的时候容易出现过拟合现象。在隐含层中神经元的数量过少，训练的过程中，网络的学习时间会增加，迭代的次数也多，权值也会不断调整，网络所需要的存数容量也会变大。隐含层神经元的数量的增加，网络误差会迅速减小，然后稳定，因此，在选择神经元数量的时候应该选择使误差迅速减小后的神经元的数量。但是神经元数量过多会引起过拟合现象，因此，选择神经元的数量时候遵循的一条原则是，在保证足够精度的情况下，尽量少地选择神经元的数量。

根据文献，可以得到隐含层神经元数量的经验公式为

$$l=\sqrt{mn} \tag{4-48}$$

式中，m 为输入层神经元数量；n 为输出层神经元数量。

一般在实际操作中，隐含层的神经元数量采用两种方法相结合的方式来确定，即经验公式和实验相结合的方式。对于 m 个输入神经元、n 个输出神经元的神经网络，隐含层神经元的数量按照式(4-49）计算。

$$h=\sqrt{m+n}+a \tag{4-49}$$

式中，$a\in[1,10]$。

⑤ 初始值的选取。

神经网络初始值的选取非常重要，它关系到学习是否达到局部最小，是否收敛，训练时间是否太长等。如果初始值太大，会导致加权后的输入落入S型传递函数的饱和区，使得其倒数变得非常小，这样在计算权值修正的过程中，导数趋近于零，使得调节过程几乎停止。选取初始值时一般选取（−1，1）之间比较小的数值，可以保证每个神经元在开始时就能处在传递函数变化最大的地方。

⑥ 确定训练函数。

BP 神经网络有三个训练函数，分别为“trainrp”“traingdx”和“trainscg”。选择不同的训练函数，所得到的训练效果是不一样的。

Tranigdx 函数结合两种方法对网络进行训练：一种是动量梯度下降反向传播算法；另一种是自适应学习速率梯度下降算法。这个函数能够使得网络的训练速度和稳定性有一定程度的提高，但是收敛比较慢。Trainrp 函数用弹性反向传播算法对网络权值和阈值进行调整及训练，该函数提高了网络的学习速率，收敛速度快，但是随着网络训练误差减小，其性能变差。Trainscg 函数结合了模型置信区间方法和共轭梯度算法，网络训练的速度提高了，收敛较快，

性能较稳定。

⑦ 学习速率的选取。

学习速率的范围一般在0.01～0.8之间，在选取的时候一般选取较小的学习速率，可以保证系统的稳定性，如果学习速率取值太大会导致系统的不稳定性，如果取值太小网络训练的时间会增加，收敛也变得较慢。

⑧ 动量因子的选取。

动量因子在0～1之间，在选取的时候一般选取比学习速率大的。它主要是对最后一次权值变化通过动量因子传递。动量因子的引入可以平滑误差曲面梯度方向的剧烈变化。

4.7.2 神经网络优化技术

神经网络的泛化能力与数据集的复杂度以及样本的数量和分布、网络结构的规模等有关。神经网络的泛化能力取决于训练样本和网络结构两个因素。

对于神经网络泛化性能的研究可以从以下两个方面来分析。

① 网络结构一定的时候，需要多少样本可以保证泛化性能。

② 样本数一定的时候，设计网络结构提高泛化性能。一般情况下，都是样本数已经确定，去设计较优的网络结构或学习算法提高泛化性能。因此，提高泛化能力就是网络结构和算法优化问题，但是最优的网络结构或者优化算法的选择比样本数的选择更困难。

最典型的误差修正算法是BP算法，它是利用梯度下降法对权值进行修正，训练到误差值达到目标规定的精度范围。但是这种算法收敛速度慢，有可能还不收敛。很多学者提出了改进的学习算法，运用共轭梯度法、非线性最小二乘法、正交最小二乘法和分层学习算法等。这些算法通过计算目标函数的梯度来确定一个最速下降方向，然后进行一维搜索过程。但是，这些算法是基于梯度下降的方向，只能保证局部的最优，无法保证全局的最优解，而且传统的优化算法要求目标函数至少是一阶连续可微，因此在这两个方面限制了算法的优化应用。

全局优化算法受到学者们的注意，分别用进化策略、遗传算法等在解空间内搜索最优解。遗传算法是进化计算中研究最多的算法，它能处理很多复杂问题，但是依然容易陷入局部最优。在进化的同时需要使用较多的参数，在训练神经网络时不能控制其过程。而粒子群优化算法克服了以上的缺陷，它不但算法简单，而且具有全局优化能力。

4.8 神经网络 Python 基础

（1）神经网络中的数据表示

数据存储在多维 Numpy 数组中，也叫张量，当前机器学习系统都是使用张量作为基本数据结构。张量是一个数据容器，张量是矩阵的推广，张量的维度也叫做轴。

仅含一个数字的张量是标量、也叫标量张量、0 维张量和 0D 张量，一个 float32 或 folat64 的数字就是一个标量张量。

数字组成的数组也叫向量或一维张量。一维张量只有一个轴。向量组成的数组叫做矩阵，也叫做 2 维张量，矩阵有 2 个轴，通常叫做行或列。第一个轴上的元素叫做行，第二个轴上的元素叫做列。将多个矩阵组合成一个新的数组，于是得到一个 3D 张量，即数字组成的立方体，将多个 3D 张量组合成一个数组，于是创建了一个 4D 张量。深度学习处理的数据一般是 0D 到 4D 的张量，在处理视频数据时可能是 5D 张量。

（2）关键属性

以下三个属性定义张量。

轴的数量（阶）：3D 有三个轴，矩阵有两个轴，也叫张量的 ndim。

形状：形状是一个整数元组，表示张量沿每个轴的维度大小（元素数量）。

数据类型：也叫做 dtype，是张量中包含数据的类型，如 float32、float64、unit8 等。

（3）神经网络-基于梯度的优化

每一个神经层都用下面的方法把输入的数据进行变换并计算。

Output＝relu(dot(w,imput)＋b)

式中，w 和 b 都是张量，都是该层的属性，称为该层的权重。根据反馈信号调节权重，这个逐渐调节的过程叫做训练，也就是机器学习中的学习。

在这个过程中发生训练循环，具体过程如下。

① 抽取训练样本 x 和对应目标 y 组成的数据批量。

② 在 x 上运行网络（前向传播），得到预测值 y _ pred。

③ 计算网络在这批数据上的损失，也就是预测得到的 y _ pred 值和真实的 y 值相比较得出的结果。

④ 为了使得损失最小，应更新网络的权重。

以上步骤可以看出第①步、第②步、第③步很容易实现，第④步比较困难，即怎么更新网络的权重。简单的解决方案，我们可以先只考虑一个标量系数，其他权重不变，变换这个标量系数，发现取不同的值，得到的损失有大有小，于是对于每一个参数都这么计算就可以得到最优的值，但是这样计算起来，比较烦琐，需要计算很多系数，效率比较低。

一种更好的方法就是利用网络中所有运算都是可微的这一事实，计算损失相对于网络系数的梯度，然后向梯度的相反方向改变系数，从而使损失降低。

梯度是张量运算的导数，是导数向多元函数的推广。多元函数以张量作为输入的函数。

假设有一个输入向量是 x，一个矩阵 w、一个目标 y 和一个损失函数 loss。可以用 w 计算预测值 y _ pred，然后计算损失。

```
Y_pred=dot(w,x)
Loss_value=loss(y_pred,y)
```

如果输入数据 x 和 y 不变，可以看作将 w 映射到损失值的函数。

```
Loss_value=f(w)
```

如果当前 w 的值是 w_0，f 在 w_0 点的导数是一个张量 gradient（f）（w_0），它的形状和 w 的形状一致，张量 gradient（f）（w_0）是函数 $f(w)=$ loss_value 在 w_0 的导数。

单变量函数 $f(x)$ 的导数可以看作是函数曲线的斜率，那么 gradient（f）（w_0）也可以看作是 $f(w)$ 在 w_0 附件曲率的张量。我们可以通过对 w 向梯度的反方向移动一小步来减少函数的值。

4.8.1 神经网络 Python 代码实现

在机器学习中，分类问题中的某个类别叫做类，数据点叫做样本，某个样本对应的类叫做标签。步骤如下。

① 安装 Keras。

使用 Python 的 Keras 库来学习手写数字分类。Keras 库中有 MNIST 数据库，其中包括 4 个 Numpy 数组。在代码中，加载 MNIST 数据集；训练数据集和测试集，并对数据集的形状进行查看。

```
In  [22]: from keras.datasets import mnist

In  [23]: (train_images, train_labels), (test_images, test_labels)=mnist.load_data()
          train_images.shape
Out[23]:  (60000, 28, 28)

In  [24]: len(train_labels)
Out[24]:  60000

In  [25]: train_labels
Out[25]:  array([5, 0, 4, ..., 5, 6, 8], dtype=uint8)

In  [26]: test_images.shape
Out[26]:  (10000, 28, 28)
```

② 构建网络。

```
In  [29]: #网络架构
          from keras import models
          from keras import layers
          network =models.Sequential()
          network.add(layers.Dense(512, activation='relu', input_shape=(28*28,)))
          network.add(layers.Dense(10, activation='softmax'))
```

神经网络的核心组件是层，它是一种数据处理模块，可以把它看作是过滤器，经过过滤后的数据适合网络模型的需要。2 个 Dense 层，是密集连接的神经层。第二层是一个 10 路 softmax 层，返回概率数组，10 个概率值的数组。

训练网络前，需要编译，编译时需要三个参数，一个是损失函数，一个是优化器，一个是训练和测试的时候需要监控的指标（metric），正确分类的图像所占的比例。

③ 准备图像数据。

需要将图像的数据处理成模型需要的形状，并把所有的值都缩放在 0～1

之间，目的是为了更好地比较。

In [30]:
```
#编译步骤
network.compile(optimizer='rmsprop',loss='categorical_crossentropy',metrics=['accuracy'])
#准备图像数据
train_images=train_images.reshape((60000,28*28))
train_images=train_images.astype('float32')/255
test_images=test_images.reshape((10000,28*28))
test_images=test_images.astype('float32')/255
```

④ 对标签进行编码。

In [31]:
```
#准备标签
from keras.utils import to_categorical
train_labels=to_categorical(train_labels)
test_labels=to_categorical(test_labels)
```

⑤ 训练网络。

用 fit 方法对训练数据进行拟合。

In [32]:
```
#训练网络
network.fit(train_images,train_labels,epochs=5,batch_size=128)
```

```
Epoch 1/5
60000/60000 [==============================] - 16s 262us/step - loss: 0.2553 - accuracy: 0.9270
Epoch 2/5
60000/60000 [==============================] - 15s 250us/step - loss: 0.1024 - accuracy: 0.9696
Epoch 3/5
60000/60000 [==============================] - 14s 238us/step - loss: 0.0671 - accuracy: 0.9799
Epoch 4/5
60000/60000 [==============================] - 14s 240us/step - loss: 0.0485 - accuracy: 0.9854
Epoch 5/5
60000/60000 [==============================] - 14s 241us/step - loss: 0.0366 - accuracy: 0.9890
```

Out[32]:
```
<keras.callbacks.callbacks.History at 0x1095fac8>
```

训练数据的准确率达到 98.9%。

⑥ 测试数据的性能。

In [33]:
```
#模型在测试集上的性能
test_loss,test_acc=network.evaluate(test_images,test_labels)
print('test_acc:',test_acc)
```

```
10000/10000 [==============================] - 2s 164us/step
test_acc: 0.9783999919891357
```

测试数据准确率达到 97.8%。

4.8.2 神经网络分类与回归

（1）神经网络组成

① 多个层组合成网络。

神经网络的基本数据结构是层，它是一个数据处理模块，将一个或多个输入向量转为一个或多个输出向量。不同的张量格式与不同的数据处理类型需要不同的层，简单的向量数据保存在 2D 张量中，在 Keras 中的 Dense 类。序列数据保存在 3D 张量中，在 Keras 中的 LSTM 层。图像数据保存在 4D 张量中，用 Keras 中的 Conv2D 来处理。

Keras 是一个 Python 深度学习框架，定义和训练深度学习模型。内置支持卷积网络、循环网络以及两者的任意组合。典型的 Keras 工作流程有：定义训练数据；定义层组成的网络，确定输入大小；选择损失函数、优化器和需要监控的指标；调用模型进行训练。调用模型时使用 Sequential 类，是目前最常用的网络架构。

② 输入数据和相应的目标。

③ 损失函数，用于学习的反馈信号。

在训练过程中，目的是使损失达到最小，也是我们所追求的目标函数最小化。

④ 优化器，决定学习过程如何进行。

决定如何基于损失函数最小对网络进行更新权重参数，执行随机梯度下降。

（2）神经网络分类代码实例

通过对神经网络分类代码的实际例子，更清楚地掌握神经网络的运用。

① 加载 Keras 库中自带的 IMDB 数据集。

In [18]:

```
from keras.datasets import imdb
(train_data,train_labels),(test_data,test_labels)=imdb.load_data(num_words=10000)
train_data[0]
train_labels[0]
word_index=imdb.get_word_index()#word_index是一个将单词映射为整数索引的字典
reverse_word_index=dict([(value,key) for (key,value) in word_index.items()])#键值
decoded_review=''.join([reverse_word_index.get(i-3,'?') for i in train_data[0]])#
```

② 将整数序列编码为二进制矩阵。

```
In  [19]: #准备数据，将整数序列编码为二进制矩阵
import numpy as np
def vectorize_sequences(sequences,dimension=10000):
    results=np.zeros((len(sequences),dimension))#创建一个形状为 (len(sequences),
    for i,sequence in enumerate(sequences):
        results[i,sequence]=1.#将results[i]的指定索引设为1
        return results
x_train=vectorize_sequences(train_data)#将训练数据向量化
x_test=vectorize_sequences(test_data)#将测试数据向量化
x_train[0]
```

```
In  [7]: #将标签向量化
y_train=np.asarray(train_labels).astype('float32')
y_test=np.asarray(test_labels).astype('float32')
```

③ 构建网络。

```
In  [8]: #构建网络
from keras import models
from keras import layers
model=models.Sequential()
model.add(layers.Dense(16,activation='relu',input_shape=(10000,)))
model.add(layers.Dense(16,activation='relu'))
model.add(layers.Dense(1,activation='sigmoid'))
```

④ 编译模型。

```
In  [9]: #编译模型
model.compile(optimizer='rmsprop',loss='binary_crossentropy',metrics=['accuracy'])

WARNING:tensorflow:From C:\ProgramData\Anaconda3\lib\site-packages\tensorflow\pyt
hon\ops\nn_impl.py:180: add_dispatch_support.<locals>.wrapper (from tensorflow.py
thon.ops.array_ops) is deprecated and will be removed in a future version.
Instructions for updating:
Use tf.where in 2.0, which has the same broadcast rule as np.where
```

⑤ 配置优化器。

```
In  [11]: #使用自定义的损失和指标
from keras import losses
from keras import metrics
model.compile(optimizer=optimizers.RMSprop(lr=0.001),
              loss=losses.binary_crossentropy,metrics=[metrics.binary_accuracy])
```

⑥ 使用自定义的损失和指标。

```
In [11]: #使用自定义的损失和指标
from keras import losses
from keras import metrics
model.compile(optimizer=optimizers.RMSprop(lr=0.001),
              loss=losses.binary_crossentropy, metrics=[metrics.binary_accuracy])
```

⑦ 留出验证集。

```
In [12]: #留出验证集
x_val=x_train[:10000]
partial_x_train=x_train[10000:]
y_val=y_train[:10000]
partial_y_train=y_train[10000:]
```

⑧ 训练模型。

```
In [15]: #训练模型
model.compile(optimizer='rmsprop',loss='binary_crossentropy',metrics=['acc'])
history=model.fit(partial_x_train,partial_y_train,epochs=20,batch_size=512,validation_data=(x_val,y_val))
```

在训练完成后返回历史对象，这个历史对象有一个成员历史字典，包括训练过程中的所有数据，其中训练过程和验证过程中监控的指标为 val _ acc 和 acc。

⑨ 绘制训练损失和验证损失。

```
In [22]: #绘制训练损失和验证损失
import matplotlib.pyplot as plt
history_dict=history.history
loss_values=history_dict['loss']
val_loss_values=history_dict['val_loss']

epochs=range(1,len(loss_values)+1)

plt.plot(epochs,loss_values,'bo',label='Training loss')
plt.plot(epochs,val_loss_values,'b',label='Validation loss ')
plt.title('Training and validation loss ')
plt.xlabel('Epochs')
plt.ylabel('Loss')
plt.legend()

plt.show

Out[22]: <function matplotlib.pyplot.show(*args, **kw)>
```

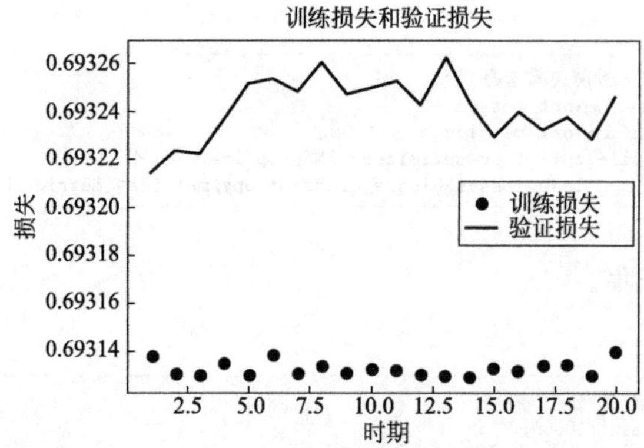

（3）回归问题

回归问题是预测一个连续值。通过一个例子来理解和掌握回归问题。

① 加载数据。

In [55]:
```
from keras.datasets import boston_housing
import pandas as  pd
(train_data,train_targets),(test_data,test_target)=boston_housing.load_data()
train_data.shape
test_data.shape
```

Out[55]: (102, 13)

② 准备数据。

In [56]:
```
#准备数据，数据标准化
mean=train_data.mean(axis=0)
train_data-=mean
std=train_data.std(axis=0)
train_data/=std

test_data-=mean
test_data/=std
```

③ 构建网络。

In [57]:
```
#构建网络
from keras import models
from keras import layers

def build_model():
    model=models.Sequential()
    model.add(layers.Dense(64,activation='relu',input_shape=(train_data.shape[1],)))
    model.add(layers.Dense(1))
    model.compile(optimizer='rmsprop',loss='mse',metrics=['mae'])
    return model
```

④ 利用 K 折验证来验证方法。

```
k=4
num_val_samples=len(train_data)//k
num_epochs=100
all_score=[]

for i in range(k):
    print('processing fold #',i)
    val_data=train_data[i*num_val_samples:(i+1)*num_val_samples]
    val_targets=train_targets[i*num_val_samples:(i+1)*num_val_samples]

    partial_train_data=np.concatenate(
        [train_data[:i*num_val_samples],train_data[(i+1)*num_val_samples:]],axis=0)
    partial_train_targets=np.concatenate(
        [train_targets[:i*num_val_samples],train_targets[(i+1)*num_val_samples:]],axis=0)

    model=build_model()
    model.fit(partial_train_data,partial_train_targets,
              epochs=num_epochs,batch_size=1,verbose=0)
    val_mse,val_mae=model.evaluate(val_data,val_targets,verbose=0)
    all_score.append(val_mae)
all_score
```

⑤ 保存每折的验证结果。

```
num_epochs=500
all_mae_histories=[]
for i in range(k):
    print('processing fold #',i)
    val_data=train_data[i*num_val_samples:(i+1)*num_val_samples]
    val_targets=train_targets[i*num_val_samples:(i+1)*num_val_samples]

    partial_train_data=np.concatenate(
    [train_data[:i*num_val_samples],
    train_data[(i+1)*num_val_samples:]],
    axis=0)
    partial_train_targets=np.concatenate(
    [train_targets[:i*num_val_samples],
    train_targets[(i+1)*num_val_samples:]],
    axis=0)
    model=build_model()
    history=model.fit(partial_train_data,partial_train_targets,
                      validation_data=(val_data,val_targets),
                      epochs=num_epochs,batch_size=1,verbose=0)
    mae_history=history.history['val_mean_absolute_error']
    all_mae_histories.append(mae_history)
```

⑥ 计算所有轮次中的 K 折验证分数平均值。

```
average_mae_history=[
    np.mean([x[i] for x in all_mae_histories]) for i in range(num_epochs)
]
```

```
import matplotlib.pyplot as plt

plt.plot(range(1, len(average_mae_histories+1), average_mae_history)
plt.xlabel('Epochs')
plt.ylabel('Validation MAE')
plt.show()
```

⑦ 绘制验证分数。

```
def smooth_curve(points, factor=0.9):
    smoothed_points=[]
    for point in points:
        if smoothed_points:
            previous=smoothed_points[-1]
            smoothed_points.append(previous*factor+point*(1-factor))
        else:
            smoothed_points.append(point)
    return smoothed_points

smooth_mae_history =smooth_curve(average_mae_history[10:])

plt.plot(range(1, len(smooth_mae_history)+1), smooth_mae_history)
plt.xlabel('Epochs')
plt.ylabel('Validation MAE')
plt.show()
```

⑧ 训练最终模型。

```
#训练最终模型
model=build_model()
model.fit(train_data, train_targets,
        epochs=80, batch_size=16, verbose=0)
test_mse_score, test_mae_score=model.evaluate(test_data, test_targets)
```

第 5 章 深度学习的驾驶意图识别

驾驶意图识别主要指运用各种模型对驾驶意图进行识别，以便更好地做好驾驶辅助，为交通安全提高保障。提取驾驶过程中车辆的状态特征，比如速度、加速度、方向盘转角等特征，在脑电信号作为对象的识别中，提取脑电信号的特征，把这些特征作为输入参数输入驾驶意图识别模型进行识别。

5.1 脑电信号概述

5.1.1 脑电信号分析的发展

脑电活动在 19 世纪早期开始研究，英国生物学家 Richard Caton 在 1875 年从动物的大脑皮质表层发现了微弱的电流，他发现在安静状态下电流波形呈现出节律性的振荡。波兰科学家在之后的研究中发现感觉刺激引起背景电波的变化，脑电波的电位随着光线对眼睛的刺激而增减外，脑电活动在安静时的节律性振荡都消失了。脑电波在感觉刺激下会有这样的反应。德国精神病学家 Hans Berger 也在 1902 年开始了动物试验，成功地从人的大脑皮质处检测到了电流，从此以后脑电图便诞生了，并且发表了文章《人的脑电图》(*On the Electroencephalogram of Man*)，自此关于脑电研究的活动便开始了。

脑电信号具有低频且非常微弱的电压，在 5～1000μV 之间，因此需要多级放大才能把脑电信号记录下来。

脑电信号的变化分为两类：一类是诱发电位响应，即对感觉器官施加刺激(光、电或声音)，研究引起的脑电位的变化；另一类是自发脑电活动，即在没有特定的外界刺激时，神经系统本身自发地产生的电位变化。

在脑机接口技术中，脑电信号的特征提取是非常重要的一环，特征提取的优劣预示着分类效果的好坏，对脑电信号的了解与分析也成为脑机接口技术中必不可少的一步。典型的 BCI 脑机接口系统结构如图 5-1 所示。

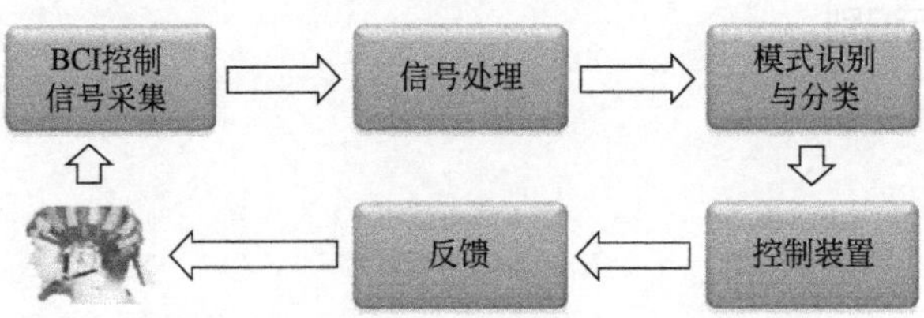

图 5-1　典型的 BCI 脑机接口系统结构

各种不同的检测大脑活动的方法可以分为植入式和非植入式。植入式的方法是把电极植入脑梗膜下，或者脑梗膜上和颅内。而非植入式是把电极放在头皮表面，或者用其他传感器获取大脑的活动。植入式的方法获取的信号质量较高，但是此方法需要开颅，所以比较有风险性。

目前一般试验采用的是非植入式，这种方法既安全又方便。非植入式的脑机接口数据的来源主要有 EEG 头皮脑电、近红外光谱（Near Infrared Spectroscopy，NIRS）、功能型磁共振成像（Functional Magnetic Resonance Imaging，FMRI）和脑磁图（Magnelo-encephalography，MEG）。其中后面两种数据采集设备较昂贵并且比较笨重。相比这几种来说，EEG 是在脑机接口领域最为广泛的一种方法，获取信号比较方便、安全，相对比较便宜、可靠。

根据脑电信号的频率和振幅的不同，将脑电信号分为以下几种基本类型。脑电的主要波形分类是根据它的频率来划分的。

（1）δ 波

δ 波的频带范围为 0.1～3Hz，振幅为 10～20μV，常在额部出现。在正常清醒的成人脑波中很少见，是恢复体力睡眠的时候所需要的，是直觉性第六感的来源。

（2）θ 波

θ 波频率范围为 4～7Hz，振幅为 20～40μV，属于潜意识层面的波形，存有记忆、知觉和情绪，影响态度、期望、信念和行为，是创造力与灵感的来源。深睡做梦、深度冥想时候出现这种波形，在困倦、睡眠时候也会出现。

（3）α 波

α 波的频率为 8～13Hz，是成人脑电中的基本节律，是大脑皮层处于清醒放松状态时电活动的主要表现，它一般在枕区和顶区最为显著。以单机导联来说，最高波幅在枕区，其次在顶区和额后，再次在额前，波幅最低者在颞部。它是有节律性脑电波中最为明显的波形。整个皮层都能产生 α 波，一般在安静闭目的时候出现，波幅由小到大，然后又由大到小，规律性变化。它的波形通常是正弦波，有时候也为弧形或者锯齿状。灵感、直觉或点子发挥威力的时候，以及身心轻松而注意力集中的时候都会出现这种波。

（4）β 波

β 波的频率在额部及颞部最为明显，它是种快波，往往附加在 α 波上面，如果用外部刺激使得 α 波消失，则可显现 β 波。如果测试者睁开眼睛看，或者听到突然的响声，或者进行思考活动的时候，在头皮其他部位也会出现 β 波。

当大脑皮质兴奋的时候，它就出现。注意力集中的时候会出现较多的波形。放松但集中精神，思考、处理接收到的外界信息（听到或想到），激动、焦虑的时候，出现这种波。

（5）γ 波

γ 波的频率为 30～60Hz（通常为 40Hz），幅度小于 2μV。增强意识、提升幸福感，减轻压力，觉醒，或专注于某一事时，或者冥想时出现。额区及中央最多，与 β 波同属快波，是由注意或感觉刺激所引起的低幅高频波。

5.1.2 脑电的特征提取

随着时间的推移，国外许多学者在脑电特征提取上运用了很多方法，在 2005 年 D. P. Burke 运用了 ARX 方法对脑电信号进行提取特征，并得出了较好的结果，识别准确率达到 79.1%。2006 年 N. Y. Liang 采用 AR（Autoregressive）自回归提取脑电信号特征，使用 ELM 进行分类，并把 ELM 分类和 Support Vector Machines（SVM）分类以及 Backpropagation Neural Network（BPNN）分类相比较。2006 年 P. Jahankhani 采用了 Wavelet 提取脑电特征。2007 年 K. Polat 采用了 FFT（Fast Fourier Transform）快速傅里叶变换提取脑电特征，以及 A. Subasi 采用 DWT（Discrete Wavelet Transform）离散小波变换提取脑电信号特征。2008 年 W. Ting 采用 WPD（Wavelet Packet Decomposition）小波包分解提取脑电信号特征，并为其分类的特征提取提供了另一种方法，Cvetkovic 在同一年采用 WT（Wavelet Transform）小波变换提取脑电信号特征。2009 年 Q. Xu 采用 Wavelet 提取脑电信号特征，2010 年 L. Guo 采用 MWT（Multi-Wavelet Transform）多小波变换和 ApEn（Approximate Entropy）近似熵提取特征。同一年 Y. Song 采用样本熵提取特征，以及 E. Ianez 采用 WT 小波变换提取特征。2012 年 A. S. M. Murugavel、Y. Song、V. Bajaj、Lawhem 分别采用 Wavelet 和 ApEn 相结合、SampEn（Sample Entropy）样本熵、HT（Hilbert Transformation）希尔伯特变换、AR 自回归提取脑电特征。2013 年，J. M. Yetes、A. Ahangi、R. N. Duan 分别采用 SampEn 或 ApEn、DWT、DE（Differential Entropy）微分熵提取脑电特征。2014 年，Y. Kumar、J. Zhang、M. Z. Parvez 分别采用 DWT 结合 ApEn、PLV（Phase Locking Value）阶段封锁值。结合 HT、SampEn 或 ApEn、DWT 结合 ApEn、Transforme 或 Decompose 来提取脑电信号特征。2015 年

R. Sharma 采用 EMD(Empirical Mode Decomposition）经验模态分解和结合 IMF(Intrinsic ModeFunction）固有模态函数来提取脑电信号特征。

国内也有不少学者运用各种方法对脑电信号的特征进行研究。张晋东在 2009 年提出了脑电信号分类系统，该系统采用快速独立成分分析法，提取脑电信号模式的高阶统计信息，并将输入模式空间通过映射的方式到相应的独立成分空间。徐宝国在 2011 年运用自回归模型和连续小波变换提取脑电特征。张毅等在 2012 年采用小波变换和样本熵提取脑电特征，运用支持向量机对脑电信号进行分类，最高的准确率达到 91.43%。孟明在 2012 年运用小波包变换提取脑电特征，运用小波包变换的方法提取特征节律波，分别运用各个节律波能量占总能量的比值作为特征，输入支持向量机进行分类识别，平均识别率达到 82.3%。李明爱在 2013 年运用希尔伯特-黄变换和共空域子空间分解算法来提取脑电信号的特征，作为输入数据输入模型进行识别，平均识别率达到 92%。他还运用离散小波变换和独立分量分析提取脑电信号的特征。王登在 2013 年运用小波包基和自回归模型提取脑电信号特征。许敏鹏运用时频分析提取脑电信号特征。伏云发在 2014 年运用时域特征提取脑电信号特征。林海波等 2015 年提出一种改进希尔伯特-黄变换和样本熵结合的特征提取方法，采用支持向量机分类器进行分类，有较高的正确识别率，并且稳定性更好。

5.1.3　脑机接口国内外发展状况

脑机接口技术的研究成为现在研究的热点之一，它的应用价值非常广泛。目前世界上已经有很多实验室实现了真正意义上的脑机接口技术。

在脑机接口技术的实际应用价值的推动下，BCI 的研究已经进入了一个新的阶段。自从 1999 年开始，成功举办了四次国际 BCI 数据处理竞赛。2013 年 6 月，华裔教授贺斌用脑电波首次对遥控飞机进行控制；2014 年 6 月，一名瘫痪的男子在巴西世界杯开幕式上利用安装在腿部的外骨骼为世界杯开球。

国内外比较著名的研究 BCI 的机构有 Wadsworth 研究中心、Berlin-BC 研究机构、Graz-BCI 研究机构、Freiburg/Tubigen 研究小组、Washinton/Albany 研究小组、NSF、GSU 脑实验研究室等。

Farwell 和 Donchin 在 1988 年利用 P300 设计虚拟打字机。Serby 等对 BCI 的信号处理达到了 92.1%的准确率。

Middendorf 等研发了基于视觉诱发电位（Visual Evoked Potentials,

VEP）的BCI系统，使用者注视屏幕上几个不同频率的按钮，系统分析VEP的频率，匹配于某个按钮的话，就可以知道使用者希望选择的按钮。还利用稳定的视觉诱发相应稳态视觉诱发电位（Steady-State Visual Evoked Potentials，SSVEP）控制飞机模拟器，准确率可以达到96%。

清华大学的程明、高上凯教授的团队设计了基于SSVEP的环境控制系统，可以实现48个目标的识别，实现对周围电子设备的控制。并且，他们还设计了电话拨号实验系统。

奥地利Graz大学的Pfurtscheller等研究了基于ERD的脑机接口系统，主要研究了在时域内不同的想象运动的分类问题。

美国Wadsworth中心研究从运动感觉皮质测量的脑电信号控制指针的运动。同时，他们还研究了BCI-2000通用系统，并在200多个实验室中开始使用。

Cincotti利用拉普拉斯方法和线性分类器对想象运动进行分类，准确率达到75%～95%。Kostov利用2～4个电极对二维光标进行控制。

5.2 试验方案设计

测试驾驶人的脑电信号得出脑电数据，10位驾驶人的16个通道的数据和8个通道的数据，每位驾驶人各行驶4次相同的路线，分别为16通道和8通道各2次，一次路线包括右转3次，左转2次，取直行3次，得到每位驾驶人的脑电数据。通过后面的章节对所得到的脑电数据进行特征提取，将提取特征数据输入识别模型，进行识别，得出驾驶人的意图。

按照驾驶员的意图分类，左转意图、右转意图和直行意图，每个意图的样本分为三部分。

① 一部分脑电数据作为训练数据。也就是学习样本，主要用于训练模型，得到模型的参数。用这个训练好的模型去验证模型。

② 一部分脑电数据作为验证数据。此部分数据主要对训练好的模型进行验证。

③ 一部分脑电数据作为测试数据。输入后面章节的识别模型，进行识别，得出驾驶人的驾驶意图。

5.2.1　脑电的产生及特点

大脑是一个非线性、非平稳的，由大量的神经元群相互连接形成的复杂动力学系统。获取大脑信息的手段有三种：通过脑结构的解剖图获得，比如 X 射线断层扫描技术和磁共振成像；通过功能活动时的代谢活动图像获得；通过大脑对信息处理的不同反应获得，比如局部场电位（Local Field Potentials，LFP），脑电图（Electroencephalography，EEG）和脑磁图（Magnetoencephalograpy，MEG）。

其中，EEG 具有简易、无创、高时间分辨率等特点。EEG 可以处理并获取大量的功能信息；可以获取各种脑部疾病的信息；也可以利用人对不同的感觉和运动或者认知活动的不同，脑电信号的表现不同；通过对脑电信号的特征提取和分类识别达到控制的目的。采集脑电信号并通过放大器放大后，得到脑电信号并显示在计算机上，如图 5-2 所示。

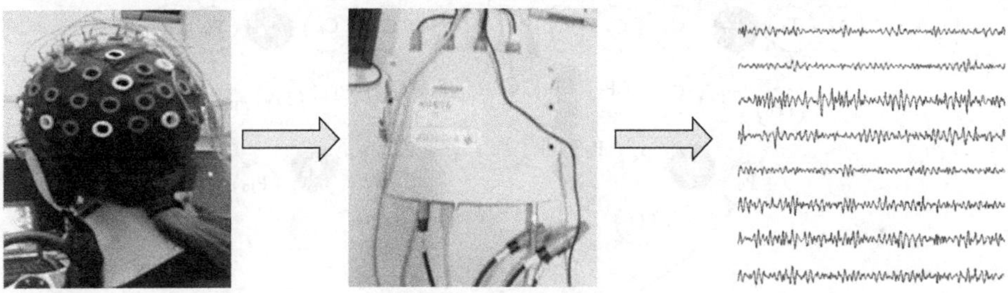

图 5-2　脑电图的获取

5.2.2　试验原理

当人的大脑受到外界刺激或产生动作意识时，神经细胞产生几十毫伏的微弱电活动，这些大量的神经细胞的电活动传到头皮表面形成脑电波，会通过某种节律和空间分布的特征体现出来，通过仪器设备采集系统把这些特征信号提取出来进行检测、分析和处理，识别出引发脑电变化的动作意图，然后用计算机语言进行编程，将人类的思维活动转换成命令信号驱动外部的设备，实现人脑对外部环境的控制。BCI 的目的是通过检测到大脑活动的方法得到用户的意图。

脑电是通过在头皮安置检测电极描记所得的数以亿计的大脑皮层神经细胞的群体活动在头皮表面感应到的电位分布，检测到大脑活动的方法来检测人的意图。

脑电图是通过脑电图描记仪，将人体脑部自身产生的微弱生物电于头皮处收集，并放大记录而得到的曲线图。一般采用国际 10～20 系统电极放置法。

脑电信号电极放置位置如图 5-3 所示。其中，F_p 表示额极，Z 表示中线电极，F_Z 表示额，C_Z 表示中央点，P_Z 表示顶点，O 表示枕点，T 表示颞点，A 为耳垂电极，也称为参考电极。脑部分区电极位置代号见表 5-1。

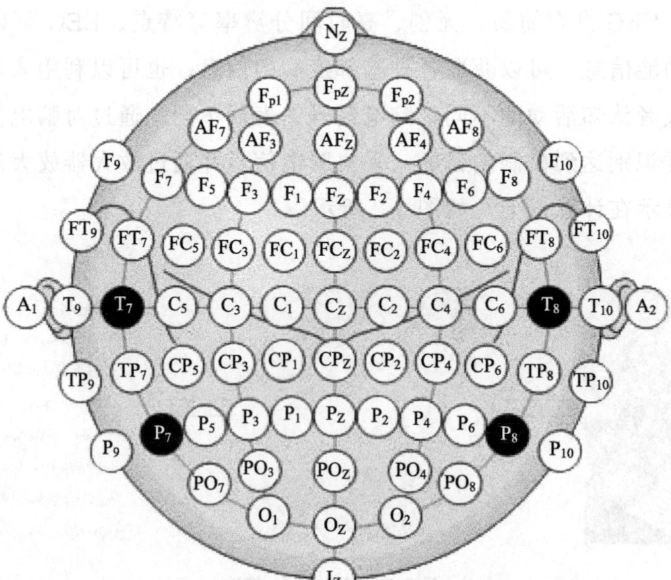

图 5-3　脑电信号电极放置位置

表 5-1　脑部分区电极位置代号

部位	名称	代号
前额	Frontal Pole	Fp_1、Fp_2
额	Frontal	F_3、F_4、F_Z
中央	Central	C_3、C_4、C_Z
顶	Parietal	O_1、O_2
侧额	Occipital	F_7、F_8
颞	Inferior Frontal	T_3、T_4
后颞	Temporal	T_5、T_6
耳	Auricular	A_1、A_2

5.2.3　试验设备组成

脑电图机就是用来测量和记录脑电图的装置，它产生于 1934 年。它的工作原理是由放置在头皮的电极检测出微弱的脑电信号，然后通过放大器对脑电信号进行放大，最后由计算机屏幕上显示出来。

信号分析是指由经过预处理的脑电信号，利用各种提取脑电信号的特征参数的方法，提取到脑电信号的特征，用这个特征参数输入分类器进行分类。分类器的输出就是控制器的输入。控制器将已经分类的信号转换为实际的操作动作，控制外部的电子设备，比如机械手的运动，康复机器人的各种动作等。

5.2.4　试验目的

测试驾驶人在典型城市环境下，驾驶车辆左转、右转、保持直行时的脑电信号。通过脑电设备 g. USBamp 测试驾驶人的脑电信号，并对这些数据进行存储、分析，提取脑电特征，把这些提取的脑电信号的特征值作为输入参数输入识别模型进行识别。

试验对象及试验环境：试验对象由 10 人组成，主要是奥克兰大学的博士生和硕士生，并有 1～10 年以上的驾龄，持有 C 型驾驶证。年龄在 26～36 岁之间，男 9 人，女 1 人（在测试脑电信号的过程中，头发的浓密程度也影响脑电信号的强弱），身体健康。试验设备为电极帽，如图 5-4 所示。

按照选定的路线行驶，每位驾驶员做 16 通道试验时按照路线行驶 2 次，后面枕部的 8 通道测试时行驶 2 次，即每位驾驶员经过选定的路线，分别行驶 4 次。驾驶人每 2 次驾驶间隔中间休息 10min。在封闭的实验室进行，脑电信号的波幅值很低，只有微伏级别，很容易受到周围环境等各种因素的干扰，在做脑电实验的过程中一定要注意排除环境因素的干扰。为了避免周围电磁场的干扰，避开电动设备、高频辐射源。在采集的过程中，实验室内保持简单安静的环境。在试验前对实验室进行提前通风，保证合适的温度，以免受试者出现各种生理现象。试验前对驾驶人进行培训，了解路线、驾驶操作及试验的方案流程。在试验之前，关闭实验室的门，以免外界的环境对驾驶人造成一定程度的干扰，影响脑电数据的采集。

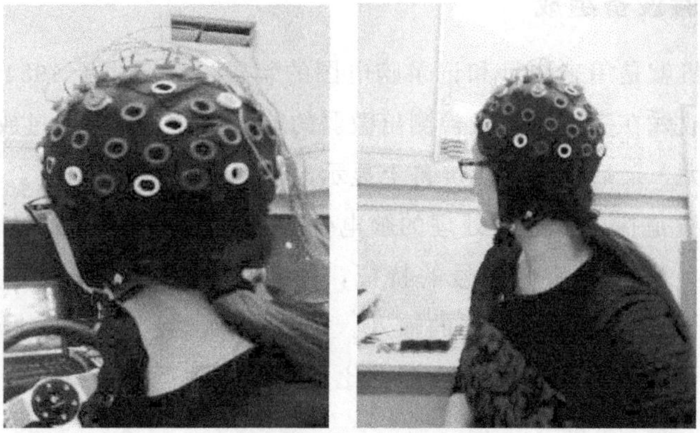

图 5-4　试验设备展示

5.2.5　试验方法

通过脑电设备 g. USBamp 测试驾驶人的脑电信号，以此为数据分析驾驶人的意图。通过虚拟仿真模拟器，建立城市道路的典型路段，10 位驾驶人通过硬件设备，比如方向盘、变速杆、油门踏板、刹车踏板等，在虚拟仿真模拟的路况下，进行正常的驾驶操作。试验分为两部分进行，一部分对驾驶人枕部的 8 个电极进行测试，另一部分对驾驶人头部上方区域 16 个电极进行测试。

（1）试验仪器

脑电信号的数据获取在新西兰奥克兰大学土木与环境工程学院的脑-机接口实验室进行，设备主要有两套系统。

一套系统是搭建的仿真虚拟驾驶实验台。虚拟驾驶实验台由模拟驾驶仿真软件、一台计算机和驾驶操作的硬件系统组成。

一套系统是脑电采集设备。脑电信号采集系统由脑电信号放大器、电源设备、电极帽、显示设备等组成。

（2）脑电采集设备

电极帽：主要用来测试驾驶人在驾驶过程中脑电波的变化情况，把脑电信号传输到放大器并最终在计算机上显示出来，电极帽是脑电记录和采集的主要设备之一。电极帽的大小对于脑电信号的采集有很大的影响，太大的电极帽接触不好，采集到的脑电信号不准确；太小的电极帽，驾驶人会感觉不舒服，影响脑电信号的采集效果，本实验室配备大小电极帽各一个。

一般来说，电极放置位置，与大脑皮层的解剖关系一致。试验中参考电极的选择是左耳耳垂，取电极电位与参考电极的电位之差，作为实际记录的电位。电极帽电极的名称是通过大脑皮质区域的位置不同命名的。左半球的电极用奇数表示，右半球的电极用偶数表示，字母表示大脑的皮层区域。试验用电极帽实物如图 5-5 所示。

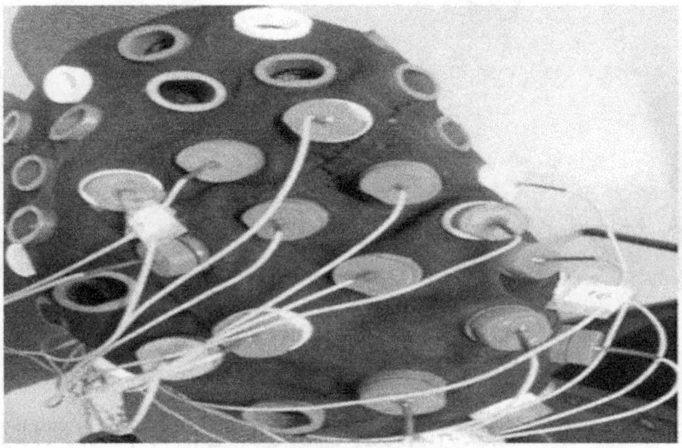

图 5-5　试验用电极帽实物

放大器（g. USBamp）：主要用来把采集到的驾驶人的脑电信号经过放大后输入计算机显示出波形，它是一种高精度生物信号放大器和采集处理系统，如图 5-6 所示。

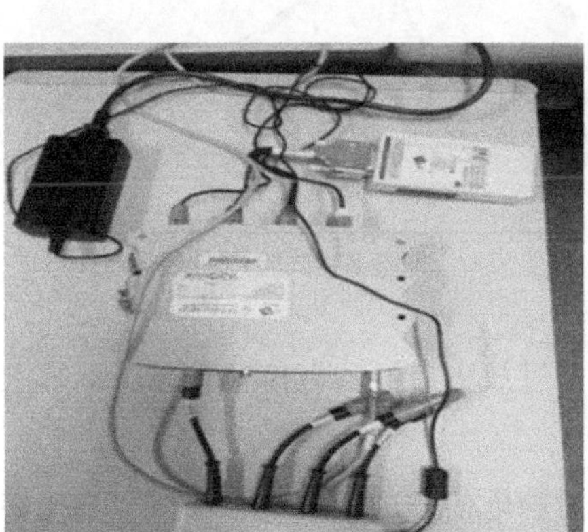

图 5-6　试验用放大器

电源（g. GAMMAbox）：主要用来提供功率，同时还是电极接口，它连接电极并与放大器相连，如图 5-7 所示。

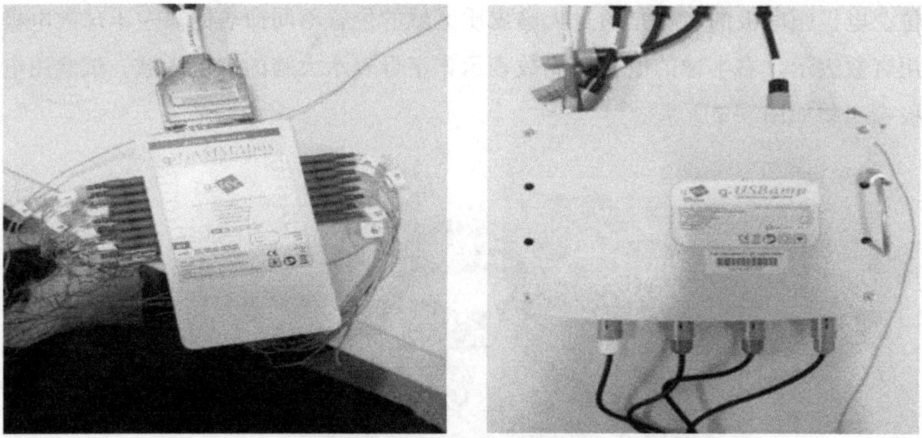

图 5-7　试验用电极电源

电极（g. electrode）：主要用来把大脑的脑电信号传输到计算机，如图 5-8 所示。

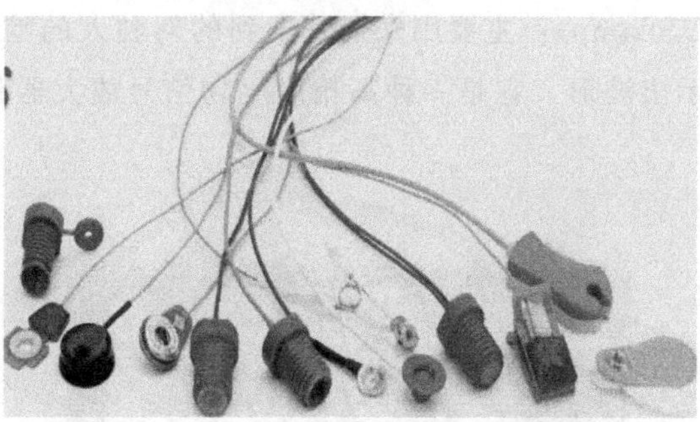

图 5-8　试验用电极

计算机：主要把经过放大后的脑电信号在电脑屏幕上显示出来，并通过软件进行保存。

软件设备：用来对脑电信号进行分析、保留和直接存储，以及对设备的各个电极的选择进行设置等。

各种配套设备：启动钥匙，传输线，导电液。

脑电信号的采集如图 5-9 所示。

图 5-9　脑电信号的采集

5.3　驾驶行为与驾驶意图

5.3.1　驾驶行为

（1）驾驶行为的研究及发展

驾驶行为模型的研究经历三个阶段：模型探索阶段、模型活跃阶段和认知行为建模活跃阶段。

① 模型探索阶段。

在驾驶行为模型探索阶段，各国学者对驾驶行为开展了探索性的研究，取得了一定的成果，为以后发展驾驶行为的很多方面的研究奠定了一定的基础。驾驶行为研究发展历程再现了当时学者们的努力成果。

② 模型活跃阶段。

2001 年，Truls VI 提出了预测、规避和评估危险驾驶任务的最佳指标是驾驶人认知和情感。2002 年，Misener 提出了改善道路交叉口的安全技术。PATH 研究小组研究了增加道路通行能力和安全性以及减少道路拥堵和交通事故的先进技术。

③ 认知行为建模活跃阶段。

夏威夷大学心理学教授 Leon James 从社会心理学角度研究驾驶人的情感和认知，在研究过程中，分析了驾驶人表现出来的不安情绪、认知偏差、感知运动失误等方面。王晓原提出了基于认知活动链驾驶人行为协调仿真模型。刘雁飞运用 ACT-R 建模工具提出了驾驶认知行为建模方法，并通过两种方法对模型的适用性和灵活性进行了验证，这两种方法分别是基于模型的驾驶行为预测和基于试验的驾驶模型验证。

国内学者对驾驶行为的安全研究包括驾驶行为的可靠性和适应性、驾驶行为事故倾向性、驾驶人的心理因素、道路交通环境对驾驶行为的分析、驾驶疲劳研究等驾驶行为。

王生昌研究了事故组与非事故组驾驶员的反应时间与运动时间的平均参数的差别，都与交通事故倾向性存在正相关。彭楚翘研究了事故组驾驶人的视觉、听觉的反应时间都比安全组的长。金会庆对驾驶人的听力、身高、视力等方面进行了研究，发现事故组和非事故组有着显著差异。李百川测试了事故组驾驶人的心理、生理等状况，并建立了驾驶人检测体系。国内很多学者采用各种模型对驾驶人适应性与可靠性进行了相关研究。

付锐用统计学方法研究了肇事者驾驶人的总体性格特点，并对高事故倾向的驾驶人提出了各种建议。李凤芝研究分析了事故倾向性驾驶员的心理和生理的评价指标。庄明科研究了驾驶行为的结构及风险驾驶行为因素和交通事故的关系，得出 4 个因素，并研究了驾驶经验、驾驶态度、驾驶技术等与驾驶行为的关系。

刘宁对驾驶人的注意力测量方法和使用范围以及条件进行了介绍。袁伟分析了驾驶人操作行为的 3 个阶段，即信息感知、轨迹决策和操作校正，并得出结果，驾驶人随着通行条件的困难，用于信息感知的时间比例在减少，用于操作校正的时间反而增加。

王健通过对几个国家交通事故的对比分析得出限速标志能降低事故的发生。张殿业研究了道路标线对驾驶行为的影响。潘晓东研究了驾驶员心理和生理反应与平曲线长、平曲线半径、平曲线转角等之间的关系。潘福全研究了交叉口驾驶行为特征和驾驶行为与交通事故的关系。孙绍鑫研究分析了道路线性与驾驶人心理和驾驶人心率的相关性。

金健研究了驾驶人的疲劳，并构建了关于驾驶疲劳的测评体系。焦昆分析了驾驶人的精神疲劳和体力疲劳，并建立了模型。张南建立了模糊数学评价模型，对驾驶疲劳进行评价。杨光瑜通过检测驾驶人对图片、图表等的反应速度判断驾驶人状态。李斌分析了驾驶时间和驾驶能力的关系，并得出了在 8～12h 之间，反应能力和注意力降低，感知能力和操作能力变化不明显。吴超仲通过驾驶试验，建立了模型，并对模型进行了参数识别。

王武宏建立了驾驶行为模式，得出驾驶人失误率的公式，并说明了心理因素对驾驶人可靠性的影响程度。魏朗研究了驾驶人的安全性认知与评价过程。建立了驾驶人对道路结构和环境因素的模糊评价及模拟计算模型。贾洪飞应用认知心理学理论建立了信息处理结构模型，并对模型进行了分析。马丹分析了驾驶人生理周期对驾驶行为的影响，找出了存在的规律，并且为交通管理和控制提出了建议。王晓原运用驾驶行为决策机制，构建了驾驶决策识别模型。

国外学者对驾驶行为的研究主要是外界环境对驾驶行为的影响、内在的心理因素对驾驶行为的影响、驾驶行为风险理论的研究、侵犯性驾驶行为理论研究以及驾驶行为可靠性模型等研究。

Hashim Al-Madani 研究分析了驾驶人对交通标志的视认性，并得出教育水平、国籍、月收入等对驾驶人的识别影响比较大，年龄、经验、婚姻等影响较小。George Yannis 通过对国外和本地驾驶人的事故率分析，得出国外驾驶人的事故风险率更高。Mayou 和 Brant 经研究发现肇事经历对驾驶人心理压力过大。Smart 研究得出在同样的条件下女性比男性的压力更大，出事故的概率更高。Hollnagel 提出了 GREAM 模型，此模型有两种方法进行可靠性分析，即基本法和扩展法。

（2）驾驶行为与驾驶意图的产生过程

驾驶意图是由人在驾驶行为过程中产生的思维活动，对驾驶意图进行研究必须先对人的驾驶行为进行分析。在驾驶过程中驾驶人接收到很多外界信息，如其他车辆、行人、交通标志、交叉口等。通过视觉、听觉和触觉等感觉器官驾驶人将外界的信息收集整理，做出判断和决定，通过操作来控制车辆的状态。驾驶行为指的是与驾驶人相关的各种处理操作的总称，通过对外界信息的处理控制车辆运行的各种操作动作，以此来协调与其他车辆之间的安全关系等行为，如图 5-10 所示。

驾驶行为的执行是由人的功能器官分层次沿时间轴循序进行。驾驶意图可以看作人执行了部分驾驶行为后，又对当前道路环境的信息所做的一种决策，这个决策与驾驶人的主观愿望、驾驶经验和操作习惯等有关。决策的目的可以指导驾驶人后续驾驶行为的执行。

驾驶意图的产生存在于驾驶行为的过程中，并可据此控制驾驶行为后续的驾驶意图，存在于信息感知、决策和后续操控车辆为主的驾驶行为之间（图 5-11）。驾驶意图的获取除了通过脑电信号进行识别之外，还可以通过外界的环境以及驾驶人控制车辆的行为来分析识别。外界的环境可以决定驾驶人

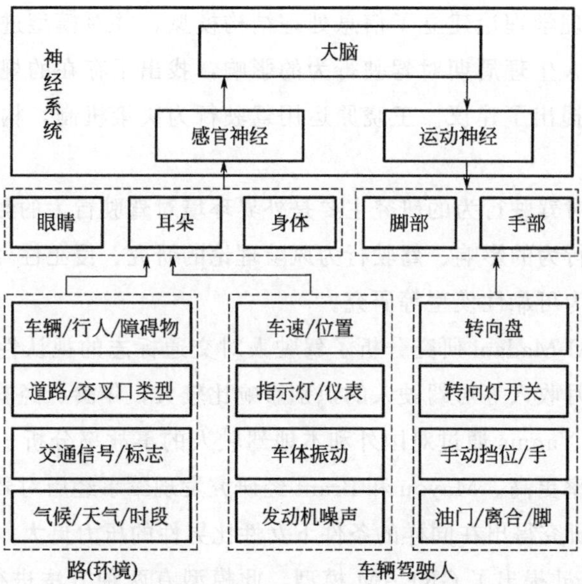

图 5-10　驾驶行为形成要素及其相互关系

可能产生的驾驶意图，还可以确定不同类型的驾驶意图分布。驾驶人的行为受到驾驶意图的驱使，在时空上是先产生驾驶意图后有驾驶行为，通过驾驶人行为动作信息对驾驶意图的识别是个反向过程。

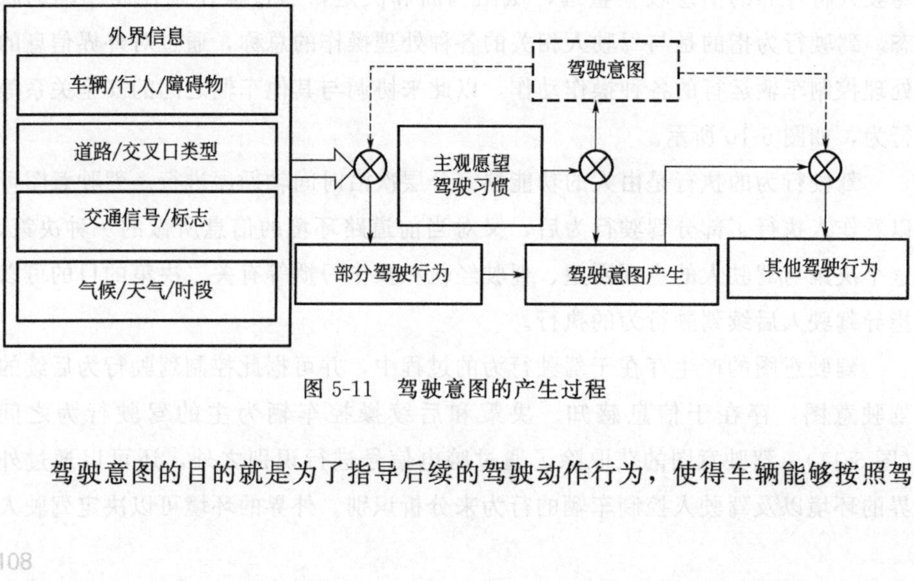

图 5-11　驾驶意图的产生过程

驾驶意图的目的就是为了指导后续的驾驶动作行为，使得车辆能够按照驾驶人的意图去行驶。车辆在同一意图的驱使下，使用哪种操纵序列需要根据实际的环境和驾驶人的驾车习惯而定。提前识别驾驶人的意图也就是获取驾驶人对未来车辆运行的需求，针对这种情况提前报警，可以阻止或纠正在危险情况下的驾驶行为。

通过观察一系列的驾驶行为可以知道驾驶人的驾驶意图，当驾驶人需要左转弯的时候，他就会打开左转向灯，速度降低，转动方向盘，因此要识别驾驶人的意图，需要通过驾驶行为的车辆参数或者驾驶人的脑电信号来识别。

驾驶意图、驾驶行为、驾驶状态主要分为几类：加速和制动类驾驶行为、转向类驾驶行为、复杂驾驶意图、简单驾驶意图和驾驶状态。

5.3.2 驾驶意图

（1）驾驶意图分析

影响驾驶人的换道意图识别的高低，主要有输入参数和运用模型的选择，传统的输入参数主要有车辆的参数，如方向盘转角、加速踏板的移动距离、刹车踏板的移动距离等。有的学者运用驾驶人的视觉信息及头部动态信息作为输入参数进行识别，有的学者运用驾驶人的生理电信号作为输入参数，还有的学者运用道路环境信息作为输入参数，如自车周围车辆、行人等。

驾驶意图识别模型主要有隐马尔科夫模型、支持向量机模型、神经网络模型以及两个模型的级联算法等模型。驾驶意图识别模型中，隐马尔科夫模型利用观察的序列计算可能的驾驶行为的概率，估计不可观测的状态，通过最大化和最大似然估计的状态来判断不可观测状态，主要用于小样本事件。支持向量机模型，在驾驶意图识别中应用比较广泛，主要通过核函数映射到高维数据空间，在高维空间分类，构建一个超平面，使得不同样本类型间的隔离达到最大化，但是支持向量机模型在驾驶意图识别时，模型的惩罚参数需要经验数据给定，因此，预测的准确度受到一定的影响。传统的神经网络模型对于驾驶意图识别有较好的识别率，具有很强的自学习能力，识别结果比较可靠，模型参数可调，具有更广的适用性，在驾驶意图识别中发挥了重要作用。BP 神经网络在驾驶意图识别中运用较多，但是这种传统的神经网络对于大数据、多维度的处理受到一定的限制，处理效果不理想。因此，级联模型的驾驶意图识别效果较好，支持向量机的惩罚参数可以运用粒子群等算法进行优化，取得更好的模型参数；BP 神经网络可以运用粒子群算法、Kalan 滤波算法、EKF 学习方法等进行优化。相对于单一模型，级联模型是在单一模型的基础上发展起来的，识别率较高。

刘志强等运用隐马尔科夫模型和支持向量机模型对驾驶意图进行了识别，该算法发挥了两种分类器的优势，提高了整个双层算法的识别能力，识别率达95.84%。长安大学的郭应时等运用传统的神经网络和证据理论模型对驾驶意图进行识别，识别率最高达到96%。但是这些级联模型的运用，只能解决小样本问题，面对如今的大数据，这些模型的使用效率下降。

采用深度学习的驾驶意图越来越受到学者的关注，通过组合低层次的特征，深度学习出更高层次的特征，来发现数据的特征规律。它的主要思想是把神经网络逐层进行无监督训练，把所有的层都叠加起来，构建一个多层次的深度结构的神经网络来学习数据特征。深度学习具有深度，相对于传统的神经网络有更多的连接，训练方式为逐层训练。深度学习在多个领域有所应用，交通管理和交通控制以及交通流等研究使用了深度学习。

张海伦等运用双层连续隐马尔科夫模型-贝叶斯生成分类器（GHMM-BGC）和长短时记忆网络的行为识别和预测，得出长短时记忆网络的识别率上升了11.24%。Alex Zyner 等采用循环神经网络预测在无信号交叉口时的驾驶人意图，但是循环神经网络的梯度有缺陷，A. Jain 等以驾驶人头部运动作为特征，构建了 RNN-LSTM 模型预测驾驶意图。季学武等提出运用 LSTM 识别驾驶意图，并且比传统的识别算法有明显的优势。王亚伟等运用 LSTM 模型对转向意图进行预测，并得出了92.3%的识别率。

（2）驾驶意图时窗的选择

驾驶意图通过驾驶人对车辆的操作量可以反映出来，因此需要对反映驾驶意图的操作特征量序列进行有效的截取。操作量的截取起始点和长度，会影响到驾驶人转向意图辨识模型的有效性，因此需要对驾驶意图时窗进行选取。为了得到驾驶意图样本，驾驶意图的表征时窗需要确定，在驾驶人驾驶的过程中，确定驾驶意图时根据需要以驾驶人打转向灯的时刻或者转动方向盘的时刻作为标准，对于转向灯的使用，国内很多驾驶人不打转向灯的现象有很多，因此选取转动方向盘的时刻作为驾驶意图转向的依据。国内外学者对驾驶人转向意图时窗的确定有很多的研究。Doshi 等在换道的时候选取前 2s 和前 3s 作为识别效果，对比的结果表明换道的前 2s 识别准确率较高。徐慧智等将换道意图阶段定为 10s，研究了驾驶人注视点的转移特性。霍克通过试验录像得出驾驶人换道意图时窗一般为 6s。

根据以上驾驶意图的研究及分析，驾驶意图时窗选择为 3s 进行分析。

5.4 深度学习

5.4.1 深度学习概述

首先了解一下人工智能、机器学习与深度学习三者之间的关系，人工智能包括机器学习和深度学习，而机器学习包括深度学习，深度学习属于机器学习的一部分。三者之间的关系如图 5-12 所示。

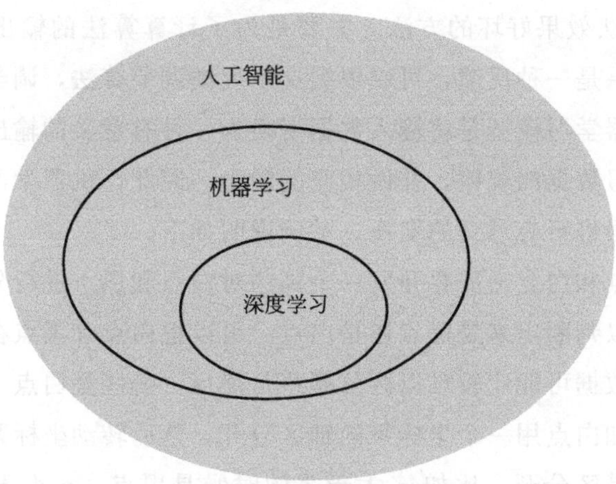

图 5-12　三者之间的关系

人工智能诞生于 20 世纪 50 年代，人工智能的简洁定义是努力将通常由人类完成的智力任务自动化。人工智能是一个综合性的领域，包括机器学习和深度学习。当时，很多专家认为只要程序员精心编写足够的明确规则来处理知识就可以实现和人类一样水平的人工智能。这种方法被称为符号主义人工智能。从 20 世纪 50～80 年代的专家系统中，这种方法的热度达到了顶峰。

符号主义难以给出更复杂的模糊的问题，如图像分类语音识别等。于是出现了一种新的方法，机器学习可以进行图像分类、语音识别和语言翻译。

机器学习的概念来自图灵的问题：对于计算机除了我们命令它做的事情

外，它还能自我学习执行特定任务吗？计算机会不会自动学习观察数据的规律？机器学习系统是训练出来的，不是明确地通过程序编写的。它是通过一些任务相关的许多示例输入机器学习系统，并在示例中找到统计结构，找到规律，同时将这些规律运用到新的数据中输出结果。

机器学习有以下三个基本的要素。

① 输入数据点。输入数据点指的是根据任务不同，数据点不同，比如语音识别，输入的数据点可能是人们说话的声音文件；脑电信号识别的输入数据点可能是脑电信号文件。

② 预期输出的示例。预期输出指的是根据输入数据点的学习，输出最终的结果，比如任务是区分哪种动物，那么输出可能是狗、猫等动物，脑电信号的识别输出可能是有疾病和无疾病等。

③ 衡量算法效果好坏的方法。主要是为了计算算法的输出和预期输出的差距。衡量结果是一种反馈，可以根据这个反馈调节算法，调节的过程就是学习的过程。机器学习模型是将输入数据变换为一种有意义的输出，从已知的输入的数据中学习数据的规律，并做相应的输出。因此，机器学习和深度学习的核心就是对数据进行有意义的变换。举例说明如下。

假设有黑点和白点，需要开发一个算法对白点和黑点进行分类。输入一个点的坐标就可以判断出来是黑点还是白点。可以把白点和黑点在一个坐标系中表示，原始的数据可能比较难以区分哪些是黑点，哪些是白点，于是通过坐标变换，把黑点和白点用一个坐标系的轴区分开，然后转动坐标系的轴，使得黑点和白点很容易区分开，比如 x 大于零的时候是黑点，x 小于零的时候是白点，这样通过坐标变换就把黑点和白点区分了。

在这个例子中把正确分类的点所占比例（%）作为反馈信号，尝试搜索各种可能的坐标变换，此时做的就是机器学习，机器学习中的学习指的是寻找更好数据表示的自动搜索过程。所有的机器学习算法都包括自动寻找这样一种变换：这种变换可以根据任务将数据转化为更加有用的表示。可以是坐标变换，也可以是线性投影、平移、非线性操作等。

输入是点的坐标；预期输出是点的颜色；衡量算法效果好坏的方法是正确分类的点所占的比例（%）。

机器学习的技术定义：在预先定义好的可能性空间中，利用反馈信号的指引来寻找输入数据的有用表示。

深度学习是机器学习的一个分支。深度学习中的深度指的是一系列连续的表示层，不是利用这种方法的更深层次的理解。模型的深度是指在数据模型中包含多少层。现代深度学习一般包含数十个甚至上百个连续的表示层，这些表示层是从训练数据中自动进行学习的。而其他机器学习方法仅仅学习一两层，所以也称为浅层学习。

深度学习模型并不是根据大脑的工作原理建模的，深度学习是一种数学框架，从数据中学习表示。数据经过很多层，可以将深度网络看作是多级信息蒸馏操作：信息穿过连续的过滤器，纯度越来越高，因此对任务的帮助会越来越大。

深度学习的技术定义：学习数据表示的多级方法。虽然这个想法很简单，但是有足够大的规模的话，会产生明显的效果。深度学习是利用这个距离值作为反馈信号对权重进行微调，使得损失更小，这种调节由优化器来完成，优化器实现反向传播算法，这个反向传播算法也是深度学习的核心算法。开始的时候神经网络的权值是随机的，网络实现一系列的随机变换，其输出结果和预期结果相差较大，损失值也较大，随着网络处理的示例越来越多，权重值开始向正确的方向微调，损失值也在降低，形成训练循环，训练循环重复很多次，得到的权重值使得损失函数最小。因此，输出值和目标值的差距也很小，这就是训练好的网络。虽然很简单，但是规模很大，所以产生明显的效果。

5.4.2　深度学习工作原理

机器学习是将输入映射到目标的过程，是通过观察大量的输入和目标的示例来实现的。深度神经网络通过一系列简单的数据变换层来实现输入目标的映射，数据的变换是通过观察示例学习到的。

神经网络中每层的变换由其权重来参数化。学习的意思是为神经网络的每一层找到权重值，使得输入与其目标正确地一一对应。而损失函数就是来衡量输出与预期值之间的距离，衡量网络在这个示例上的效果好坏。

深度学习在很多框架下都可以应用，比如 Caffe、Torch、Theano、PyTorch 等。本项目在 TensorFlow 框架下运行。

TensorFlow 是由两个单词构成的，Tensor 指的是张量，Flow 的意思是流动，TensorFlow 指的是张量从流图的一端流到另一端的计算过程，TensorFlow 还可以看成是复杂的数据结构传输到人工智能神经网络中进行分析和处理的系统。

张量理论是数学的一个分支结构，在力学中有着重要的应用。张量起源于力学，它表示弹性介质中各点应力状态，张量理论后来发展成为力学和物理学的一个有力的数学工具。张量可以满足一切物理定律必须与坐标系的选择无关的特性。张量是矢量概念的推广，前面已经介绍，矢量是一阶张量，张量是一个用来表示一些矢量、标量和其他张量之间的线性关系的多线性函数。

TensorFlow 用张量这种数据结构表示所有的数据，一阶张量表示向量，二阶张量表示矩阵。TensorFlow 中的张量可以表示任意维度的数据，如一维、二维、三维、四维、五维等数据。在 TensorFlow 中，数据流图使用“节点”和“边”的有向图描述数学计算，“节点”表示施加的数学计算，也可以表示数据输入的起点和输出的终点，或者是读取/写入持久变量的终点。“边”表示节点之间的输入/输出关系。张量从图中流过时，就产生了 Flow，输入端的张量准备好，节点将被分配到各种计算设备异步并行完成运算，所以数据就开始流动起来，于是便有了 TensorFlow 的叫法。

TensorFlow 框架实际上是一种误差回传和修正的计算框架，这个框架中的数据需要不停地修正，直到模型拟合到最优解。

在 TensorFlow 中，有很多集成的经典机器学习算法，称为算子，每个算子都有规则、方法、数据类型以及相应的输出结果。TensorFlow 处理数据的流程一般为：建立会话，生成一张空图，添加各个节点和边，形成一个有连接点的图，然后启动图，进行系统的执行。

TensloFlow 中矩阵的生成和计算是比较重要及复杂的。

创建一个张量矩阵，TensorFlow 中使用常量创建函数，使用 tf. constant 来创建一个矩阵。

```
In  [11]: tf.constant([1,2,3],shape=[2,3])
Out[11]: <tf.Tensor 'Const:0' shape=(2, 3) dtype=int32>
```

输出结果是一个 2 行 3 列的矩阵，第一行是输入的数据，第二行自动由输入的数值补充完整。

创建一个常量并输出。

```
In [6]: import tensorflow as tf
        tf.compat.v1.disable_eager_execution()
        x=tf.constant(12,dtype='float32')
        sess=tf.compat.v1.Session()
        print(sess.run(x))
```

```
12.0
```

创建变量并使其初始化，并用方程 $y=x+11$ 定义。

```
In [16]:
        import tensorflow as tf
        tf.compat.v1.disable_eager_execution()
        x=tf.constant(12,dtype='float32')
        y=tf.Variable(x+11)
        model=tf.compat.v1.global_variables_initializer()
        with tf.compat.v1.Session() as sess:
            sess.run(model)
            print(sess.run(y))
```

```
23.0
```

实现 $y=x^2+100$。

```
In [25]: tf.compat.v1.disable_eager_execution()
         import tensorflow as tf
         x=tf.constant([14,23,40,30])
         y=tf.Variable(x*2+100)
         model=tf.compat.v1.global_variables_initializer()
         with tf.compat.v1.Session() as sess:
             sess.run(model)
             print(sess.run(y))
```

```
[128 146 180 160]
```

实现 $y=x\times10+500$。

```
In [28]: #tf.compat.v1.disable_eager_execution()
         #import tensorflow as tf
         #tf.disable_v2_behavior()
         import tensorflow.compat.v1 as tf
         tf.disable_v2_behavior()
         x=tf.placeholder('float',None)
         y=x*10+500
         with tf.compat.v1.Session() as sess:
             placeX=sess.run(y,feed_dict={x:[0,5,15,25]})
             print(placeX)
```

```
WARNING:tensorflow:From C:\Users\lingz\Anaconda3\lib\site-packages\tensorflow\python\compat\v2_compat.py:96: disable_
resource_variables (from tensorflow.python.ops.variable_scope) is deprecated and will be removed in a future version.
Instructions for updating:
non-resource variables are not supported in the long term
[500. 550. 650. 750.]
```

实现 $y=x\times10+1$。

```
In [30]: import tensorflow.compat.v1 as tf
         tf.disable_v2_behavior()
         x=tf.placeholder('float',[None,4])
         y=x*10+1
         with tf.compat.v1.Session() as sess:
             dateX=[[12,2,0,-2],[14,4,1,0]]
             placeX=sess.run(y,feed_dict={x:dateX})
             print(placeX)

[[121.  21.   1. -19.]
 [141.  41.  11.   1.]]
```

固定张量。

```
In [5]: import tensorflow.compat.v1 as tf
        tf.compat.v1.disable_eager_execution()
        sess=tf.compat.v1.Session()
        A=tf.compat.v1.zeros([2,3])
        print(sess.run(A))

[[0. 0. 0.]
 [0. 0. 0.]]
```

随机生成矩阵张量，需要使用以下函数。

random _ normal：正态分布随机数，均值 mean，标准差 stddev。

truncated _ normal：截断正态分布随机数，均值 mean，标准差 stddev。

random _ uniform：均匀分布随机数，范围为［minval，maxval］。

随机张量。

```
In [18]: R1=tf.random_uniform([2,3],minval=0,maxval=4)
         print(sess.run(R1))

[[2.854998   0.21457338 1.5731177 ]
 [1.9305797  0.83312273 1.8541331 ]]
```

```
In [20]: R3=tf.random_shuffle(tf.diag([3,-2,4]))
         print(sess.run(R3))

[[ 0 -2  0]
 [ 0  0  4]
 [ 3  0  0]]
```

（1）循环神经网络

循环神经网络是一类专门用于处理和预测序列数据的神经网络，它对可变长度的序列数据有较强的处理能力，就像卷积神经网络擅长处理大小可变的图像一样，每个深度神经网络都有其自身的优势。卷积神经网络更适合于图像识别领域，循环神经网络更适合在自然语言处理领域。循环神经网络还有一种很重要的结构——长短时记忆网络（Long Short-Term Memory，LSTM）。循环神经网络还有其他一些变种，如双向循环神经网络和深度循环神经网络。

循环神经网络出现于 20 世纪 80 年代，其雏形见于美国物理学家 J. J. Hopfield 于 1982 年提出的可用作联想存储器的互联网络-Hopfield 神经网络模型。由于其在早期没有大量的被应用，后期被一些传统的机器学习算法以及新兴的支持反向传播的全连神经网络所替代。

最近几年，由于循环神经网络在结构方面的进步和 GPU 硬件性能的发展而出现的深度学习训练的效率有所突破，RNN 算法越来越流行。RNN 对具有时间序列特性的数据比较有效，能挖掘出数据中的时序信息以及语义信息。

如图 5-13 所示是循环神经网络的典型结构。图中 $o^{(t)}$ 表示循环神经网络在时刻 t 给出的一个输出，$x^{(t)}$ 表示在时刻 t 循环神经网络的输入。H 是循环神经网络的主体结构，循环的过程就是 H 的不断被执行。

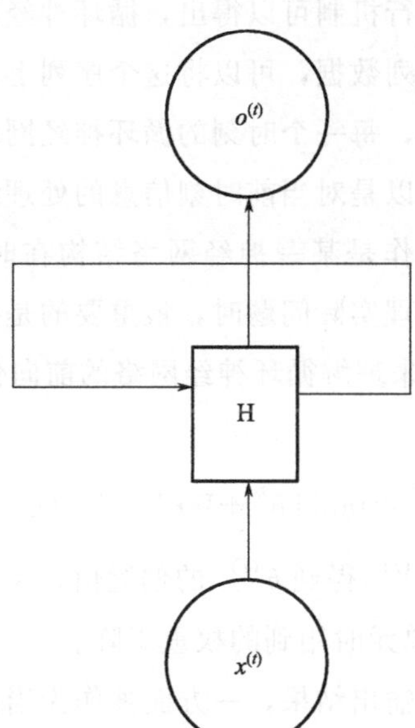

图 5-13　循环神经网络的典型结构

在 t 时刻，H 读取输入层的 $x^{(t)}$，输入一个值 $o^{(t)}$，这时候 H 的状态值从当前步传递给下一步。H 的输入来自输入层 $x^{(t)}$ 的输入和上一时刻 H 的输出。这就是典型的循环神经网络的工作过程。

可以用数学公式来表示循环神经网络。H 结构，可以认为是循环神经网络的一个隐藏单元，在 t 时刻的状态值用 $h^{(t)}$ 表示。于是有下面的数学公式。

$$h^{(t)}=f[h^{(t-1)};\theta] \tag{5-1}$$

式中，θ 表示网络中的权重或偏置，h 在时刻 t 的值需要参考在 $t-1$ 时刻的值。

在 $t=2$ 时，对上面的公式展开可以得到下面的数学公式。

$$h^{(2)}=f[h^{(1)};\theta]=f\{f[h^{(0)};\theta]\} \tag{5-2}$$

在时刻 t，对网络加入输入信号的时候，H 结构在 t 时刻的状态值如式(5-3) 所示。

$$h^{(t)}=f[h^{(t-1)},x^{(t)};\theta] \tag{5-3}$$

循环神经网络在每一个时刻都会有一个输入，H 根据输入和上一个 H 的结果得出一个输出。

从循环神经网络的执行机制可以得出，循环神经网络最擅长解决与时间序列相关问题。对于一个序列数据，可以将这个序列上的数据在不同时刻依次传入循环神经网络的输入层，每一个时刻的循环神经网络的输出可以是对序列中下一个时刻的预测，也可以是对当前时刻信息的处理结果。

循环神经网络可以看作是某一神经网络结构在时间序列上多次执行的结果。在对循环神经网络处理实际问题时，最重要的是要如何设计循环体的网络结构。可以通过式(5-4) 来理解循环神经网络的前向传播过程。假设双曲正切激活函数。

$$h^{(t)}=\tanh[b^h+Wh^{(t+1)}+Ux^{(t)}] \tag{5-4}$$

式中，b^h 是由输入 $x^{(t)}$ 得到 $h^{(t)}$ 的偏置值；W 是隐藏单元间的权重；U 是从 $x^{(t)}$ 计算得到隐藏单元时用到的权重矩阵。

循环体中的神经网络输出结果，一方面被作为当前时刻的状态提供给下一个时刻；另一方面提供给当前时刻的输出，在循环体的外部还需要另外一个全连接神经网络来完成这个过程，表达式如下。

$$o^{(t)}=b_0+Vh^{(t)} \tag{5-5}$$

式中，b_0 表示由 $h^{(t)}$ 计算得到 $o^{(t)}$ 时用到的偏置值；V 是由 $h^{(t)}$ 计算得到 $o^{(t)}$ 时用到的权重矩阵。

如果输出是离散的，表示离散变量的常规方式是把输出 o 作为每个离散变量可能值的非标准化对数概率，于是就可以用 softmax 函数进行后续分类处理，最后得到标准化后的概率输出 y。

$$y^{(t)}=\text{softmax}[o^{(t)}] \tag{5-6}$$

这就是一个简单的循环神经网络的前向传播计算过程，输出的 $o^{(t)}$ 就是网络在时刻 t 的前向传播结果。

简单循环神经网络前向传播计算过程 Python 编程如下。

```
In  [13]: #执行两轮循环，模拟前向传播过程
          for i in range(len(x)):
              #numpy的dot()函数用于矩阵相乘
              before_activation=np.dot(init_state,W)+x[i]*U+b_h
              #numpy提供了tanh（）函数，用于实现双曲正切函数的计算
              state=np.tanh(before_activation)
              #本时刻的状态作为下一时刻的初始状态
              init_state=state
              #计算本时刻的输出
              final_output=np.dot(state,V)+b_o

              print("t%s state:%s"%(i+1,state))
              print("t%s output: %s\n" %(i+1,final_output))

          t1 state:[0.86678393 0.44624361]
          t1 output: [0.75651377]

          t2 state:[0.64443809 0.5303174 ]
          t2 output: [0.68737775]
```

优化循环神经网络的时候，需要计算它的损失函数，循环神经网络的输出和时刻有关，它的损失是所有时刻（或者部分时刻）上损失函数的总和。

循环神经网络梯度的计算如下。

某个循环神经网络把一个输入序列映射到相同长度的输出序列，输出 o 的总损失是所有时间步内的损失之和。

要计算这个损失之和有很多种形式。这里介绍用于 RNN 的反向传播算法，通常被称为通过时间反向传播（Back-Propagation Through Time，BPTT）。

使用递归的方式计算 RNN 中的每一个单元 N 后面单元的梯度 $\nabla_N L$，递归方式从最终损失的节点开始递归。

$$\frac{\partial L}{\partial L^{(t)}}=1 \tag{5-7}$$

假设所有时间步的输出经过 softmax 函数得到输出概率的向量。输出向量有多个值。对于时间步 t 输出梯度为

$$\nabla_{o^{(t)}}L=\frac{\partial L}{\partial o^{(t)}}=\frac{\partial L}{\partial L^{(t)}}\times\frac{\partial L^{(t)}}{\partial o^{(t)}} \tag{5-8}$$

状态的梯度，一般从末尾开始，反向进行计算。在最后的时间步 t，$h^{(t)}$ 直接输出到 $o^{(t)}$，梯度计算如下。

$$\nabla_{h^{(t)}}L=V^T\ \nabla_{o^{(t)}}L \tag{5-9}$$

以时刻 $t=i$ 为例，状态梯度可按照式(5-10) 计算。

$$\begin{aligned}\nabla_{h^{(i)}}L &= \left[\frac{\partial h^{(i+1)}}{\partial h^{(i)}}\right]^T(\nabla_{h^{(i)}}L)+\left[\frac{\partial o^{(i)}}{\partial h^{(i)}}\right]^T[\nabla_{o^{(i)}}L]\\ &=W^T[\nabla_{h^{(i+1)}}L]diag\{1-[h^{(i+1)}]^2\}+V^T[\nabla_{o^{(i)}}L]\end{aligned} \tag{5-10}$$

参数 b_o 的梯度表示如下。

$$\nabla_{b_o}L=\sum_t\left[\frac{\partial o^{(t)}}{\partial b_o^{(t)}}\right]^T[\nabla_{o^{(t)}}L] \tag{5-11}$$

参数 b_h 的梯度表示如下。

$$\nabla_{b_h}L=\sum_t\left[\frac{\partial h^{(t)}}{\partial b_h^{(t)}}\right][\nabla_{h^{(t)}}L]=\sum diag\{1-[h^{(t)}]^2\}\nabla_{h^{(t)}}L \tag{5-12}$$

权重参数 V 的梯度如下。

$$\nabla_V L=\sum_t\left[\frac{\partial L}{\partial o^{(t)}}\right]\nabla_{V^{(t)}}^{o^{(t)}} \tag{5-13}$$

权重参数 W 的梯度如下。

$$\nabla_W L=\sum_t\left[\frac{\partial L}{\partial h_i^{(t)}}\right]\nabla_{W^{(t)}}^{h^{(t)}} \tag{5-14}$$

权重参数 U 的梯度如下。

$$\nabla_U L=\sum_t\left[\frac{\partial L}{\partial h^{(t)}}\right]\nabla_{U^{(t)}}^{h^{(t)}} \tag{5-15}$$

（2）LSTM 模型

LSTM 模型是在 RNN 循环神经网络的基础上改进的，RNN 的输入是以序列数据的形式输入的，每层之间都有连接，用来记忆之前的信息，这些信息对后续节点的输出有着一定的影响。RNN 通过不断对信息进行循环操作，确保信息持续存在。

RNN 的结构如图 5-14 所示。

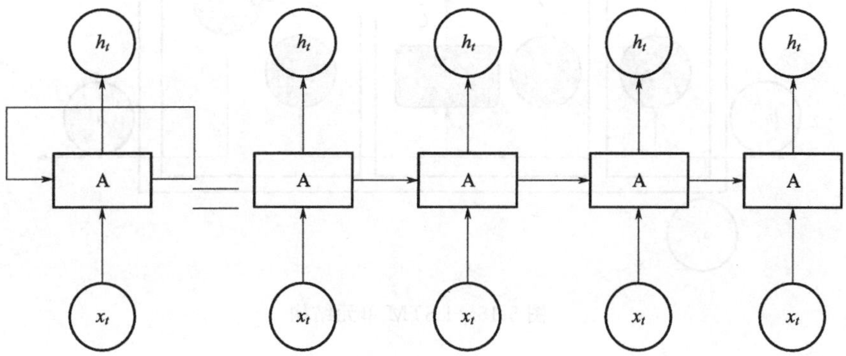

图 5-14　RNN 的结构

A—组神经网络；x_t—循环神经网络的输入；h_t—循环神经网络的输出

输入信息经过 A 输出 h_t 是一条线路，另一条线路是信息由上一步传递到下一步。循环神经网络需要记住之前的很多信息，有时候会因为梯度消失，而影响前面的很多信息消失，并且网络损耗比较大，准确率比较低等。LSTM 解决了这些问题，在处理信息时，网络使用之前的信息，也会在处理的过程中，根据情况决定是否选择遗忘一些不重要的信息。LSTM 网络包括遗忘门、传入门、输出门门控机制控制信息状态和传递信息。LSTM 单元结构如图 5-15 所示。

遗忘门主要决定 LSTM 单元需要忘记的信息，它是通过 sigmoid 函数来实现的，输出值在 [0，1] 之间，向量维数和 c_{t-1} 相同。

遗忘门 f_t：通过 sigmoid 函数处理 0～1 之间的值，0 表示全部丢弃，1 表示全部保留，通过公式实现。

$$f_t=\sigma(W_f[h_{t-1},x_t]+b_f) \tag{5-16}$$

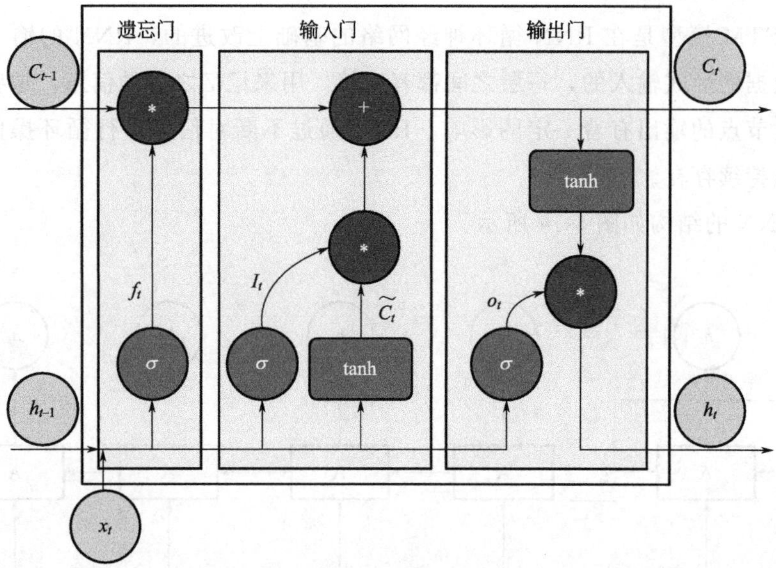

图 5-15 LSTM单元结构

式中，f_t 是 t 时刻的状态值；h_{t-1} 是前一时刻隐藏层状态变量；W_f 和 b_f 分别是对应的权值和偏置。

输入门 i_t：

$$i_t=\sigma(W_f[h_{t-1},x_t]+b_i) \tag{5-17}$$

$$\widetilde{C}_t=\tanh(W_c[h_{t-1},x_t]+b_c) \tag{5-18}$$

当前时刻记忆单元由下面两部分组成：一部分是丢弃部分长期记忆的信息；另一部分是通过输入门得到当前时刻新增加的信息，如下面的公式表示为

$$C_t=f_tC_{t-1}+i_t\widetilde{C}_t \tag{5-19}$$

式中，i_t 是输入门 t 时刻的状态值；W_c 和 b_c 是对应的权值和偏置；C_t 是 t 时刻（当前时刻的单元状态）记忆单元的值；$\widetilde{C}_t$ 是 t 时刻基于单元的候选信息；C_{t-1} 是前一时刻记忆单元状态变量。

输出门 o_t：

$$o_t=\sigma(W_o[h_{t-1},x_t]+b_o) \tag{5-20}$$

$$h_t=o_t\tanh(C_t) \tag{5-21}$$

式中，o_t 是 t 时刻的状态值；h_t 是 t 时刻 LSTM 的输出状态值。

采用均方误差作为评估模型的性能，均方误差表示真实值与估计误差平方的期望值，用 MSE(Mean Squared Error) 表示，公式如下。

$$\mathrm{MSE}=\frac{1}{n}\sum_{i=1}^{n}(\hat{y}-y)^2 \tag{5-22}$$

MSE 值越小，模型预测精度越好；反之，模型预测精度越小。

（3）LSTM 模型识别代码

以脑电信号数据为输入数据，输入深度学习模型 LSTM 进行识别的案例代码见附录。

第 6 章
驾驶意图人机融合

通过前面的章节对脑电信号进行处理和分析，提取其特征，把脑电信号的特征输入驾驶意图识别模型，识别出驾驶意图，获得驾驶人的意图，把驾驶人的意图输入CAN总线，通过CAN总线控制车辆的运行状态。

6.1 脑机接口与 CAN 总线系统的整体设计

6.1.1 CAN 总线基本知识

控制器局域网（Controller Area Network，CAN）是 ISO 定义的串行通信总线，按照 ISO 1189 标准 CAN 分为用户层、中间层和最底层三个层次。用户层以单片机为核心，进行数据处理及功能控制，单片机选用 AT89C52；中间层以 CAN 控制器为核心，实现 CAN 总线通信控制，CAN 控制器选用飞利浦的 SJA1000；最底层为 CAN 收发器，选用的是 PCA82C250，是 CAN 总线与物理总线的接口，用来提高 CAN 控制器的发送能力和接收能力，可直接与物理总线相连，传输速率高达 1Mbit/s。

CAN 通信网络在进行数据通信时，发送报文的节点称为报文发送器。该节点在总线空闲或丢失仲裁前恒为发送器。如果一个节点不是报文发送器，且总线不处于空闲状态，该节点为接收器。CAN 报文传送有四种不同类型的帧：数据帧、远程帧、故障帧和超载帧。CAN2.0B 帧格式由 7 个不同的位场组成：帧起始（1bit）、仲裁场（29＋3bits）、控制场（6bits）、数据场（N×8bits）、CRC 场（15＋1bits）、应答场（2bits）和帧结束（7bits）。SJA1000 支持的 CAN2.0B 帧格式如表 6-1 所示。

表 6-1 SJA1000 支持的 CAN2.0B 帧格式

名称	Bit7	Bit6	Bit5	Bit4	Bit3	Bit2	Bit1	Bit0
帧结构信息(EFF)	FF	RTR	X	X	DLC.3	DLC.2	DLC.1	DLC.0
识别码 1(ID1)	28	27	26	25	24	23	22	21
识别码 2(ID2)	20	19	18	17	16	15	14	13
识别码 3(ID3)	12	11	10	9	8	7	6	5
识别码 4(ID4)	4	3	2	1	0	X	X	X
数据场(DATA)	DATA 1-DATA N(N≤8)							

FF：结构格式，“FF＝1”时为扩展帧格式；“FF＝0”时为标准帧格式。

RTR：“RTR＝1”为远程帧；“RTR＝0”为数据帧。

X：X 可以为“1”或“0”。

DLC：数据长度码。

当对 CAN 控制器完成初始化进程之后，CAN 控制器便进入工作模式，准备接收或者发送数据。CAN 接收到数据后，微控制器可以由两种方式知道接收数据是否有效：一种为 CAN 控制器通过中断的方式主动向微控制器报告；另一种为微控制器通过不断地查询状态寄存器获取接收缓冲器状态来确定是否存在数据需要接收。采用查询方式完成对数据的接收。同样，发送也可以有上述两种方式，同样采用查询状态寄存器的方式来确定是否允许发送。这样，处于空闲状态的微控制器始终处于对 CAN 控制器状态寄存器的查询之中，一旦有数据到来，则在下一个机器周期退出查询状态进入接收状态，完成之后再回到查询状态。如果微控制器需要向上层发送数据，首先需要向查询进程申请对 I/O 输出的控制权，只有查询进程同意之后才能向 CAN 控制器写入发送数据。

6.1.2 驾驶意图信号的识别

在脑电控制机器的过程中，是一个信号识别的过程，这个过程通过微处理器的处理将转向信号设定为“0”或“1”并发送至执行系统。

通过驾驶左转意图、驾驶右转意图、驾驶直行意图的脑电信号，转化为相应的指令，传给 CAN 的控制系统，来实现驾驶人的意图，实现自动驾驶的目的。

6.1.3 整体系统设计

（1）脑-机接口系统的构造

脑-机接口系统一般由脑电信号采集与预处理、脑电信号处理、脑电信号控制系统和系统信息反馈等部分组成，其系统结构如图 6-1 所示。首先从头皮或颅内放置的采样电极获取脑电信号，采集的脑电信号经过放大、滤波、A/D 转换等预处理得到数值化的脑电信号之后进入脑电信号处理平台，进行脑电信号的处理过程，并转化为控制外部控制系统的命令信息，从而进行相应的控制操作（左转、右转和直行等）。

① 脑电信号采集。通过放置在大脑皮层或颅内的采样电极进行脑电信号的采集。由于采集到的脑电信号非常微弱且通常伴有噪声和干扰信号，因此需进行滤波等步骤后经 A/D 转换得到预处理的数字信号，传输至脑电信号处理平台进行脑电信号的后期处理工作。

② 脑电信号处理。利用数值信号的处理方法，如快速傅里叶变换

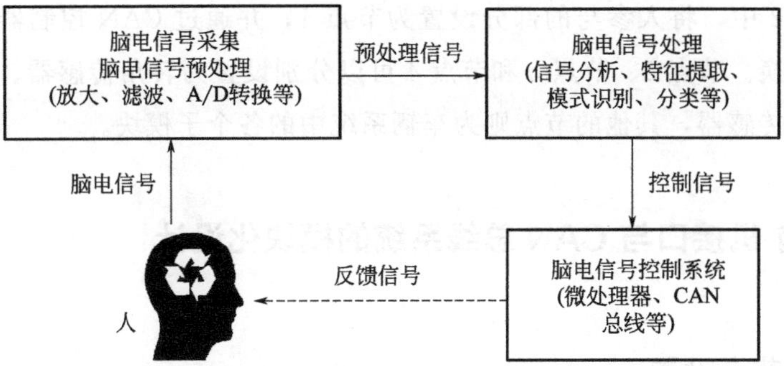

图 6-1　脑-机接口系统结构

(FFT)、小波包变换、非线性分析法等在脑电信号处理平台上进行脑电信号的特征提取和模式识别，并根据系统的程序设定输出相应的控制命令，控制外部计算机或其他电子控制设备的操作。

③ 脑电信号控制系统。脑电信号控制系统利用脑电信号处理平台输出的控制命令执行相关操作，比如控制转向、速度和距离等。有些系统还设置有反馈环节，不仅了解系统的控制效果，还能协助使用者适当调整自己的状态，提高系统控制的可靠性和稳定性。

(2) 脑-机接口与 CAN 总线组合系统

如图 6-2 所示为脑-机与 CAN 总线相结合的整体系统。

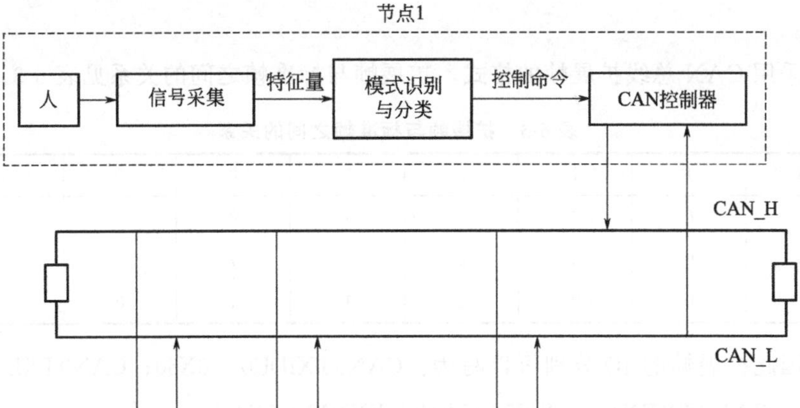

图 6-2　脑-机与 CAN 总线相结合的整体系统

图 6-2 中，将人参与的部分设置为节点 1，并通过 CAN 控制器完成信息之间的交换。节点 2、节点 3 和节点 4 可以分别设置为转角传感器、速度传感器和距离传感器，其他的节点则为车辆系统中的各个子模块。

6.2 脑-机接口与 CAN 总线系统的模块化设计

6.2.1 节点设置

（1）脑-机接口节点（节点 1）

将人脑当成一个节点进行设计，命名为节点 1。节点的 ID 设置为 0X 0C01070E＝0B 0 1100 0000 0001 0000 0111 0000 1110。PDU 的设置如表 6-2 所示。

表 6-2 PDU 的设置

优先权	扩展数据页	数据页	PDU 格式	PDU 特定域	源地址	数据域
P	EDP	DP	PF	PS(DA)	SA	DATA
011	0	0	0000 0001	0000 0111	0000 1110	2 字节

从节点 ID（0X0C01070E）中可以获得的信息为：优先级为 3，刷新频率 5.12ms，数据在第 1～2 字节，分辨率为 1。DSR0 为低 8 位，DSR1 为高 8 位。

采用 CAN 总线扩展帧的格式，扩展帧与标准帧之间的关系见表 6-3。

表 6-3 扩展帧与标准帧之间的关系

0	1	1	0	0	0	0	0
0	0	0	1	1	0	1	0
0	0	0	0	1	1	1	0
0	0	0	1	1	1	0	

因此扩展帧的 ID 分别可以写为：CAN0TXIDR0＝0X60；CAN0TXIDR1＝0X1A；CAN0TXIDR2＝0X0E；CAN0TXIDR3＝0X1C。

扩展帧中所包含的数据值的规定如下所示。

CAN0TXDSR0＝低 8 位

CAN0TXDSR1＝高8位

CAN0TXDSR2＝0XFF

CAN0TXDSR3＝0XFF

CAN0TXDSR4＝0XFF

CAN0TXDSR5＝0XFF

CAN0TXDSR6＝0XFF

CAN0TXDSR7＝0XFF

数据发送规则为：对于出现在CAN数据帧中数据长的多字节参数，它们要首先存放在最低字节。因此，如果要将一个2字节的参数存放在CAN数据帧中的字节7和字节8中，LSB要被放在字节7，MSB要被放在字节8。

数据长度是0X08，代表8个数据。需要设置CAN0TXDLR＝0X08。

（2）节点2设置

将XX当成一个节点进行设计，命名为节点2。节点的ID设置为0X04F0D100＝0B 0 0100 1111 0000 1101 0001 0000 0000。

ID值0X04F0D100表示：优先级为1，刷新频率位置，分辨率为1。

与节点1的设置类似，所获得的扩展帧的ID为：CAN0TXIDR0＝0X27；CAN0TXIDR1＝0X99；CAN0TXIDR2＝0Xa2；CAN0TXIDR3＝0X00。

（3）节点3设置

将XX当成一个节点进行设计，命名为节点3。节点的ID设置为0X10F1E303＝0B 1 0000 1111 0000 1110 0011 0000 0011。

ID值0X10F1E303表示为：优先级为4，刷新频率4Hz(250ms)，分辨率为1°/bit。

因此扩展帧的ID为：CAN0TXIDR0＝0X87；CAN0TXIDR1＝0X9b；CAN0TXIDR2＝0Xc6；CAN0TXIDR3＝0X06。

（4）节点4设置

将XX当成一个节点进行设计，命名为节点4。节点的ID设置为0X0CC10801＝0B 0 1100 1100 0001 0000 1000 0000 0001。

ID值0X0CC10801表示为：优先级为3，刷新频率10Hz(100ms)，分辨率为1km/h。

因此扩展帧的ID为：CAN0TXIDR0＝0X66；CAN0TXIDR1＝0X1a；

CAN0TXIDR2＝0X10；CAN0TXIDR3＝0X02。

（5）节点5设置

将XX当成一个节点进行设计，命名为节点5。节点的ID设置为ID为0X0CA20104＝0B 0 1100 1010 0010 0000 0001 0000 0100。

ID值0X0CA20104表示为：优先级为3，刷新频率为64ms，分辨率为1°/bit，偏移量为40bits。

因此扩展帧的ID为：CAN0TXIDR0＝0X65；CAN0TXIDR1＝0X1c；CAN0TXIDR2＝0X02；CAN0TXIDR3＝0X08。

（6）节点6设置

将XX当成一个节点进行设计，命名为节点6。节点的ID设置为ID为0X0CA40104＝0B 0 1100 1010 0100 0000 0001 0000 0100。

ID值0X0CA40104表示为：优先级为3，刷新频率为64ms，分辨率为1°/bit，偏移量为40bits。

因此扩展帧的ID为：CAN0TXIDR0＝0X65；CAN0TXIDR1＝0X38；CAN0TXIDR2＝0X02；CAN0TXIDR3＝0X08。

（7）节点7设置

将XX当成一个节点进行设计，命名为节点7。节点的ID设置为ID为0X0CA60104＝0B 0 1100 1010 0110 0000 0001 0000 0100。

ID值0X0CA60104表示为：优先级为3，刷新频率为64ms；分辨率为1°/bit；偏移量为40bits。

因此扩展帧的ID为：CAN0TXIDR0＝0X65；CAN0TXIDR1＝0X3c；CAN0TXIDR2＝0X02；CAN0TXIDR3＝0X08。

（8）节点8设置

将XX当成一个节点进行设计，命名为节点8。节点的ID设置为ID为0X0CA80104＝0B 0 1100 1010 1000 0000 0001 0000 0100。

ID值0X0CA80104表示为：优先级为3；刷新频率为64ms；分辨率为1°/bit；偏移量为40bits。

因此扩展帧的ID为：CAN0TXIDR0＝0X65；CAN0TXIDR1＝0X58；CAN0TXIDR2＝0X02；CAN0TXIDR3＝0X08。

6.2.2 数据采集系统的模块化设计

为了对车辆中各个部件的信号进行采集和故障诊断分析，脑-机接口与CAN总线系统中的各个部分均布置了相应的传感器，以获得车辆行驶过程中的车速信号、行进角度信号等信息。

为了实现整车各个系统之间的数据资源共享，以及满足系统自身数据采集要求，需要建立系统的数据通信网络。由于整个采集系统比较复杂，采用模块化的设计思想，将复杂的采集系统分解为一些规模较小的、功能较简单的模块。然后模块之间再通过一定的方式进行连接，于是就建立了数据采集系统总体设计方案，如图 6-3 所示。整个系统的数据采集分为脑-机信号采集模块、电源模块、采集模块、通信模块、上位机以及传感器。

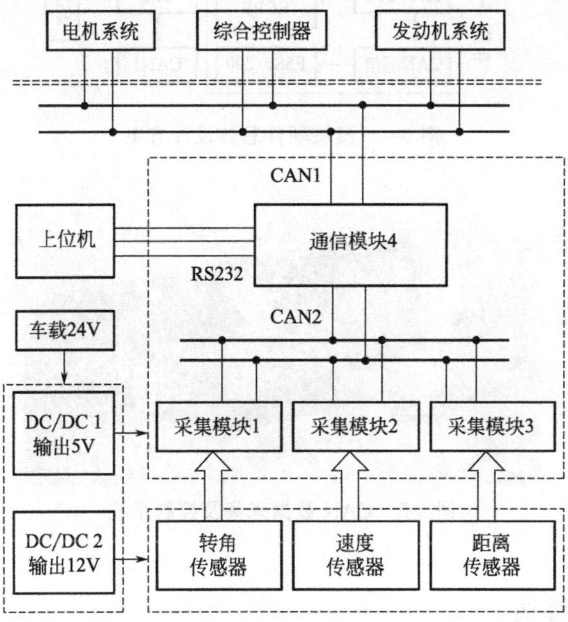

图 6-3　数据采集系统总体设计方案

模块硬件总体设计方案如图 6-4 所示，硬件设计主要就是把传感器输入的信号经过数据采集之后，再由中央处理器 CPU 进行读取，处理后通过 CAN 控制器进行通信（图 6-5）。所以硬件的设计主要就是 CAN 通信设计、车速信号采集等。

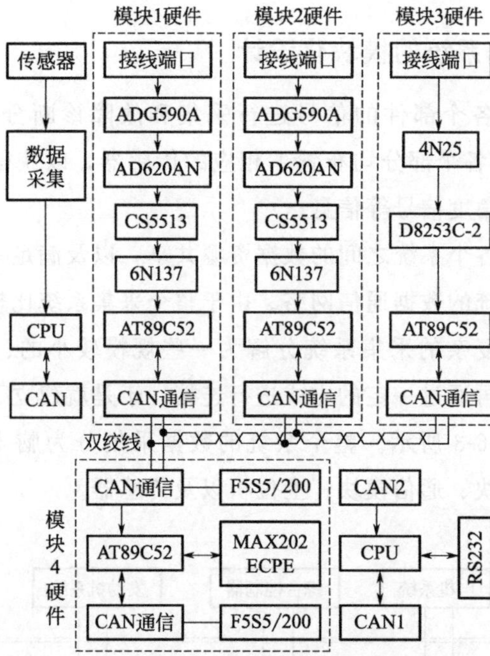

图 6-4　模块硬件总体设计方案

图 6-5　CAN 数据采集及控制系统

6.2.3　电源模块

如图 6-6 所示，三个采集模块的工作电压都是 5V 直流电压，流量传感器的工作电压是 12V 直流电压，车载电源为冷却系统和数据采集系统提供 24V 直流电源。而实际上车载电源并不是稳定的 24V 直流电源，在 18～36V 之间波动。选择三个宽输入的 DC/DC 电源模块，把输入的 24V 直流电源转化成各自工作时所需要的电源，如图 6-7 所示。

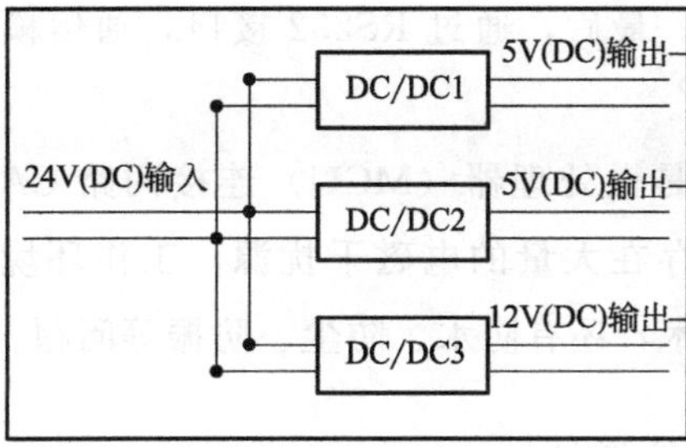

图 6-6　电源模块示意

本系统电源模块选用 XZR05/24S05 和 XZR05/24S12 两种产品，输入电压范围为 18～24V(DC)，分别输出 5V(DC)、12V(DC)。

6.2.4　数据通信模块

如图 6-7 所示，通信模块通过 CAN2 接收采集模块的速度和角度信号数据，再通过 CAN1 与整车的其他系统进行数据资源共享，将采集的车速和行

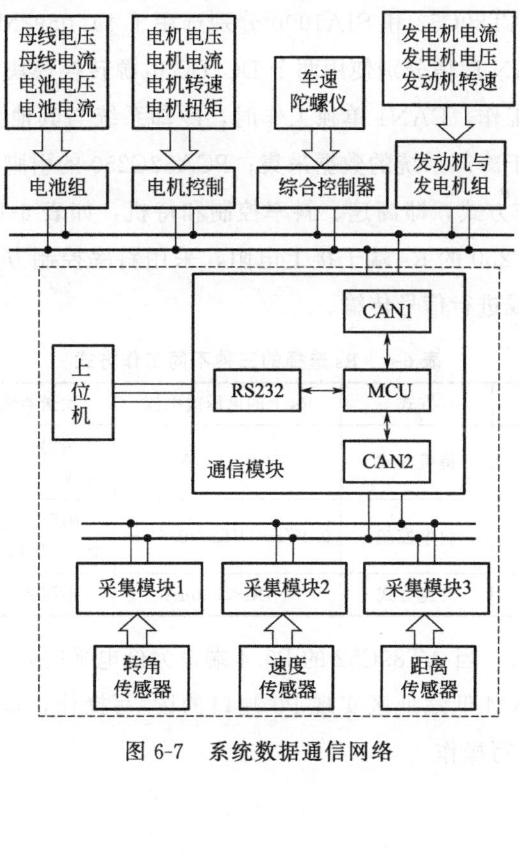

图 6-7　系统数据通信网络

进角度数据传输给其他系统。最后，通过 RS232 接口，通信模块将获得的所有数据传输至上位机。

通信模块的内部结构就是微处理器（MCU）连接两路 CAN 通信和一路 RS232 通信。由于车辆内部存在大量的电磁干扰源，工作环境极其恶劣，设计时需要考虑电磁兼容性技术，还有防水、防尘、防振等问题。

6.2.5 CAN 通信接口硬件模块

（1） CAN 通信接口硬件设计

CAN 通信电路接口连接：单片机选用 AT89C52，CAN 控制器选用飞利浦的 SJA1000，CAN 收发器选用的是 PCA82C250；高速光耦（6N137）连接在 SJA1000 与 PCA82C250 之间，可以实现总线上各 CAN 节点之间的电气隔离，增强 CAN 总线节点的抗干扰能力（减少节点之间电流的影响）；在高速光耦两侧采用 5V 的 DC/DC 电源，可使器件的 Vcc 与 Vcc1 完全隔离，提高系统的抗干扰能力以及节点的稳定性和安全性；为了增强系统的稳定性，采用了双晶体振荡器，AT89C52 和 SJA1000 分别选用了 11.0592MHz 和 16MHz 的振荡器；两路 CAN 通信分别使用两个 DC/DC 电源转换模块，避免相互干扰，以保证各自独立工作，CAN1 单独工作时，冷却系统与其他系统通信，CAN2 单独工作时，用于冷却系统的数据采集；PCA82C250 的引脚 Rs 允许选择三种不同的 CAN 工作方式，即高速、斜率控制和待机，如表 6-4 所列，为降低电磁辐射，PCA82C250 的 Rs 端子接上电阻，采用斜率控制方式；CAN 节点之间通过屏蔽双绞线进行信号传输。

表 6-4　Rs 选择的三种不同工作方式

Rs 提供条件	方式	Rs 上的电压或电流	发送器输出晶体管启闭速度
VRs＞0.75Vcc	待机方式	IRs＜|10μA|	发送器关闭，接收器转至低电流
10μA＜-IRs＜200μA	斜率控制	0.4Vcc＜VRs＜0.6Vcc	限制上升和下降斜率，斜率正比于 Rs 的电流输出
VRs＜0.3Vcc	高速方式	−IRs＜500μA	不限制上升和下降斜率

如图 6-8 所示，当 AT89C52 的 P3.4 端口为低电平时，选中 SJA1000，并通过访问外部 RAM 低地址区实现 P0 端口的读/写操作，从而对 SJA1000 相应寄存器执行读/写操作。

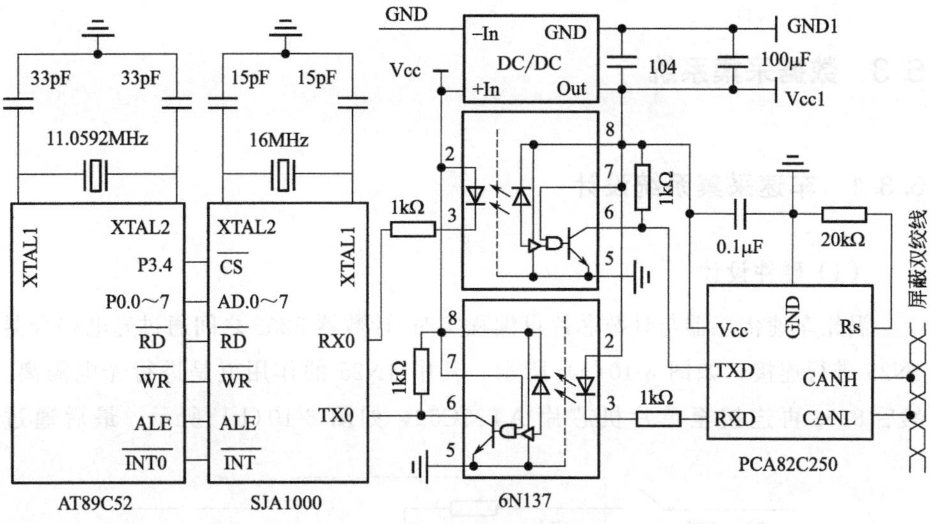

图 6-8　CAN 通信接口电路

（2）**RS232 通信接口硬件设计**

RS232 通信接口电路如图 6-9 所示，C_1、C_2、C_3、C_4、C_5 为 0.1μF 的陶瓷电容，其中 C_5 用于去耦。AT89C52 内含有全双工串行通信端口，P3.0 脚和 P3.1 脚是串行数据接收端 RXD 和发送端 TXD，可以同时接收或传输外部数据，其信号为 TTL 电平，但是与 RS232 标准定义的逻辑电平不兼容。MAX202ECPE 芯片具有 TTL/CMOS 电平与 RS232 标准电平之间互相转换的能力。

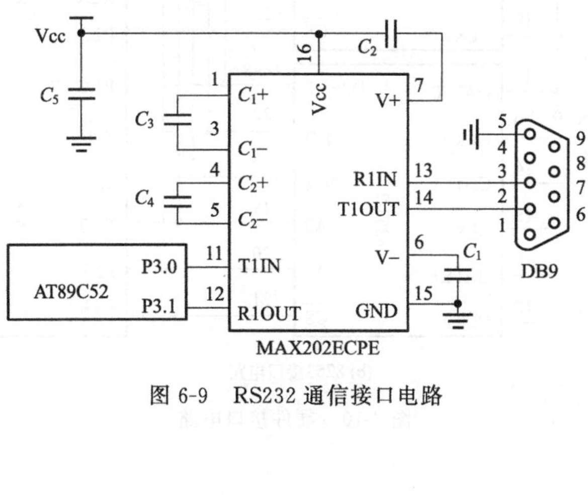

图 6-9　RS232 通信接口电路

6.3 数据采集系统

6.3.1 车速采集系统设计

（1）硬件设计

涡轮车速传感器与计数芯片可编程定时/计数器 8253 之间通过光电耦合器 4N25 进行连接，如图 6-10(a) 所示，其中 4N25 的作用就是进行光电隔离。然后 8253 再连接至单片机芯片 AT89C52，如图 6-10(b) 所示。最后通过

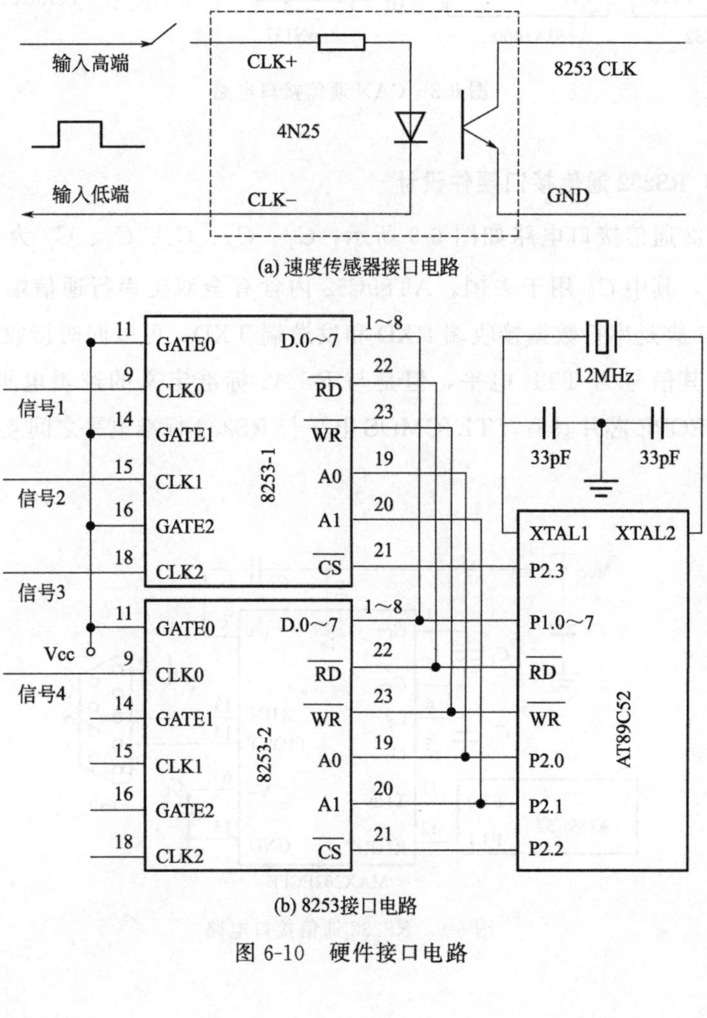

(a) 速度传感器接口电路

(b) 8253接口电路

图 6-10 硬件接口电路

AT89C52 将信号传输到 CAN 控制器，由 CAN 总线进行数据接收。本系统中采集四路车速传感器，采用了两片 8253，8253 的引脚 GATEi 接电源 Vcc，通电就开始计数。最终的车速为四路车速的平均值。

根据脉冲信号的采集原理，读出输入信号的脉冲数，即可得到输入信号的脉冲频率。利用 AT89C52 内部的两个 16 位可编程定时器/计数器（T1、T0），即可实现定时 1s。8253 的逻辑控制如表 6-5 所示。

表 6-5　8253 的逻辑控制

P2.0	P2.1	P2.2	P2.3	$\overline{RD}$	$\overline{WR}$	说明
0	0	1	0	0	1	读信号 1 脉冲数
1	0	1	0	0	1	读信号 2 脉冲数
0	1	1	0	0	1	读信号 3 脉冲数
0	0	0	1	0	1	读信号 4 脉冲数
1	1	1	0	1	0	8253-1 写方式控制字
1	1	0	1	1	0	8253-2 写方式控制字

其中 P2.0、P2.1、P2.2、P2.3、$\overline{RD}$、$\overline{WR}$ 分别为 AT89C52 管脚。

（2）软件设计

流量数据采集程序框图如图 6-11 所示，通过给 8253 的各个通道写方式控制字，将当前数据存入锁存器，读取各个通道的脉冲数，记为 old [i]。定时时间结束时，再将当前数据存入锁存器，读取各个通道的脉冲数，记为 new [i]，则所定时间内的脉冲数：f[i]＝new[i]－old[i]，即可得到相应传感器的流量。

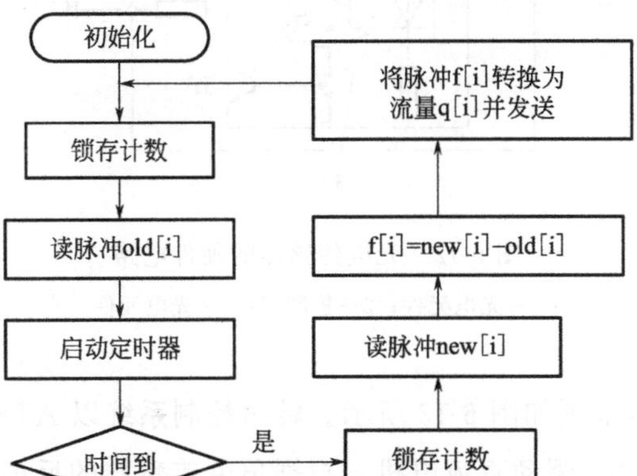

图 6-11　流量数据采集程序框图

设置定时器/计数器（T1、T0）的方式寄存器（TMOD）参数，TMOD=0x61，将T0作为16位定时器。由于计数器的加1信号由振荡器的12分频信号产生，采用12MHz晶振，所以计数周期为：$T=1/(12\times10^6\text{Hz}\times1/12)=1\mu s$。定时1s需要计数$10^6$，16位定时器的最大计数为65536，故需要重复计数，重复计数20次时，计数器的初值为TH0=0x3c；TL0=0xaf。

6.3.2 转角采集系统设计

旋转速度和旋转方向的判别方法分别如下。

（1）旋转速度的判断

根据光电三极管截止与导通的时间来判断旋转速度。

（2）旋转方向的判断

由于两个光电元件安装位置相位差为90°，因此通过判断两个三极管的导通与截止相位就可以判断旋转方向。

光电传感器的硬件电路图如图6-12所示。

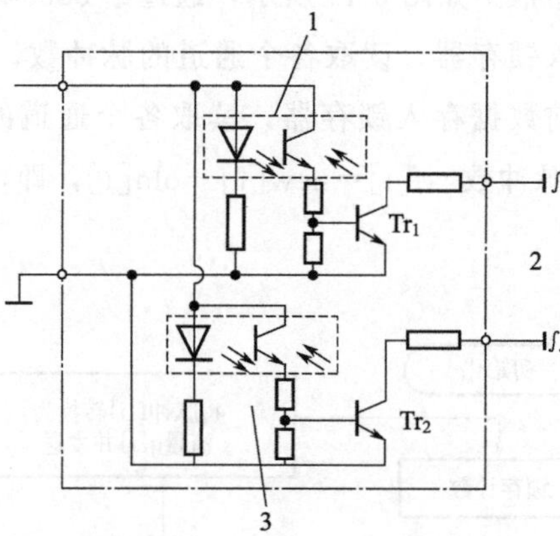

图 6-12　光电传感器的硬件电路

1—光电元件；2—控制器；3—光电元件

转角控制总体框图如图6-13所示。转角控制系统以AT89C52单片机为控制芯片，采用L293D驱动直流电机。根据角度传感器的反馈信号，经A/D转换之后输入给单片机，通过PWM方式，调节脉冲宽度，从而控制直流电机的转速和转角，实现对方向转角的控制。

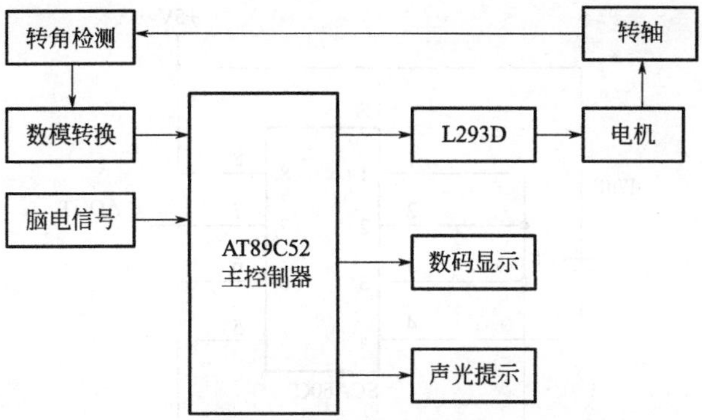

图 6-13　转角控制总体框图

使用闭环控制方式，把转轴的实际所在位置经角度传感器检测后反馈给单片机处理，经过与设定值比较之后再输出修正量，如此循环控制。闭环控制系统如图 6-14 所示。

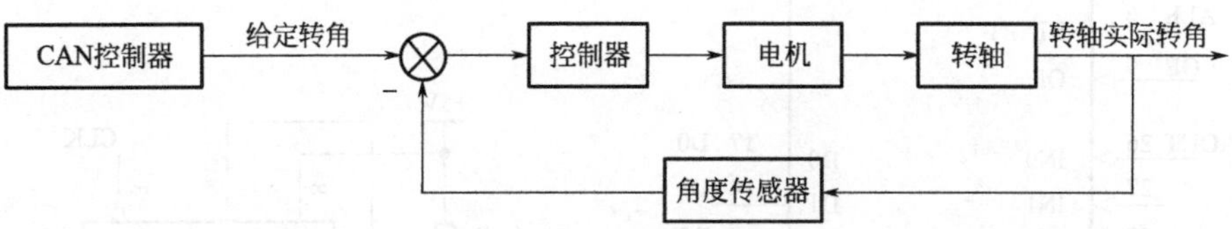

图 6-14　闭环控制系统

需要独立的电源才能驱动转轴电机的运转。采用稳压电源供电，输出电压 12V。经过降压稳压器 7805 输出 5V 电压，如图 6-15 所示，其中 5V 电压供给控制电路，12V 电压供给 L239D 驱动直流电机。

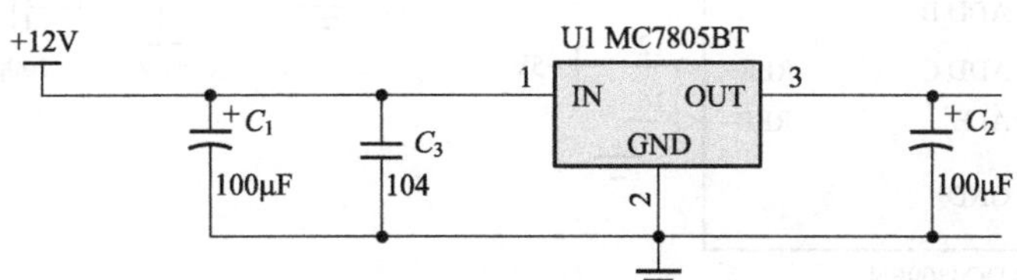

图 6-15　电源电路

转角传感器电路如图 6-16 所示。

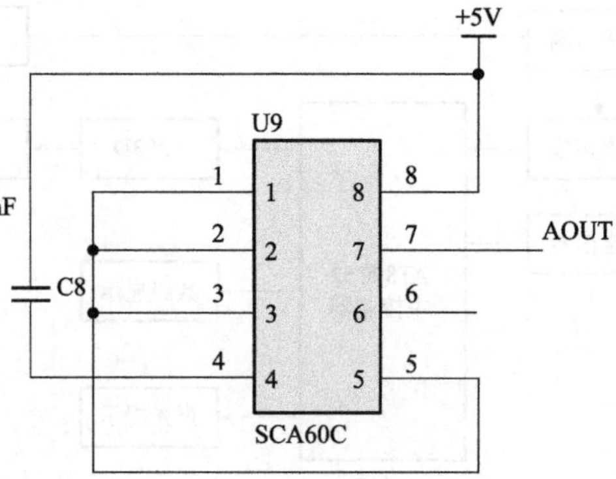

图 6-16　转角传感器电路

模数转换电路如图 6-17 所示。

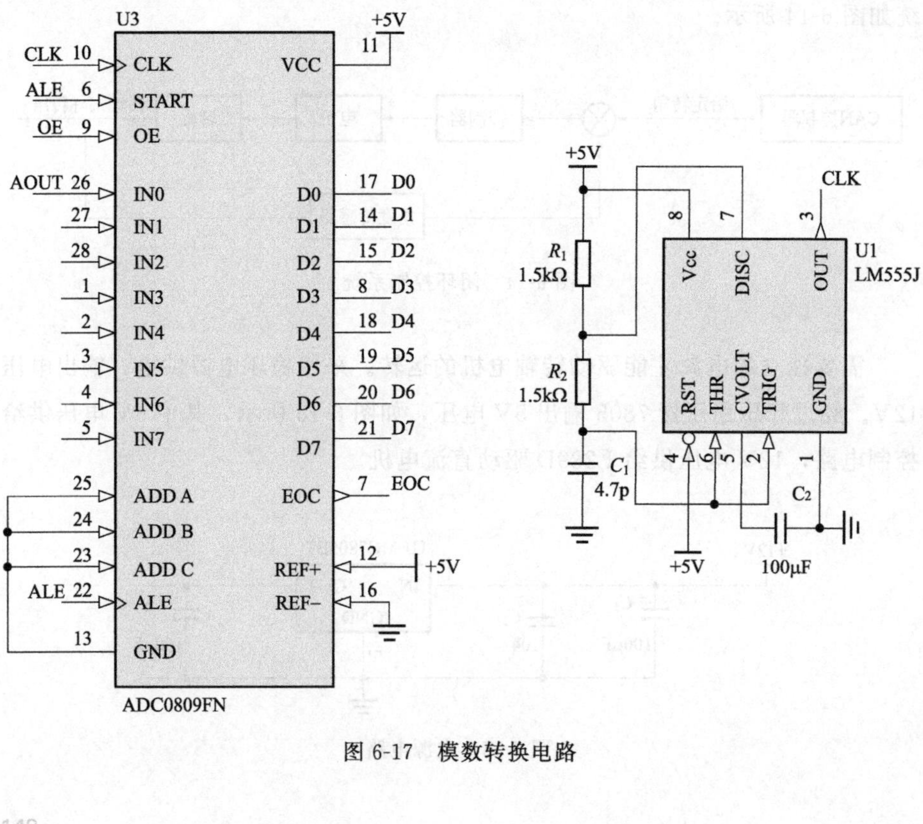

图 6-17　模数转换电路

电机驱动电路如图 6-18 所示。

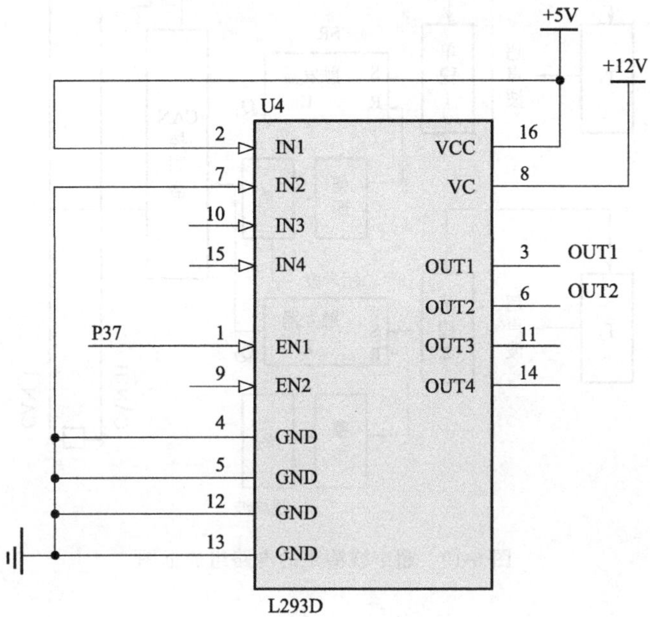

图 6-18　电机驱动电路

6.3.3　紧急信号采集系统

（1）硬件设计

超声波测距的电路组成框图如图 6-19 所示。

基于单片机的超声波测量设备的框图如图 6-20 所示。

该系统由单片机定时器产生 40kHz 的频率信号、超声波传感器、接收处理电路和显示电路等构成。单片机是整个系统的核心部件，它协调和控制各部分电路的工作。工作过程为：开机，单片机复位，然后程序使单片机输出载波为 40kHz 的 10 个脉冲信号加到超声波传感器上，使超声波发射器发射超声波。当第一个超声波脉冲群发射结束后，单片机内计数器开始计数，在检测到第一个回波脉冲的瞬间，计数器停止计数，这样就得到了从发射到接收的时间差 Δt，从而计算出被测距离，并由显示器显示出来供车辆驾驶人员参考。当障碍物距离过近时，则系统发出警报或立即制动。

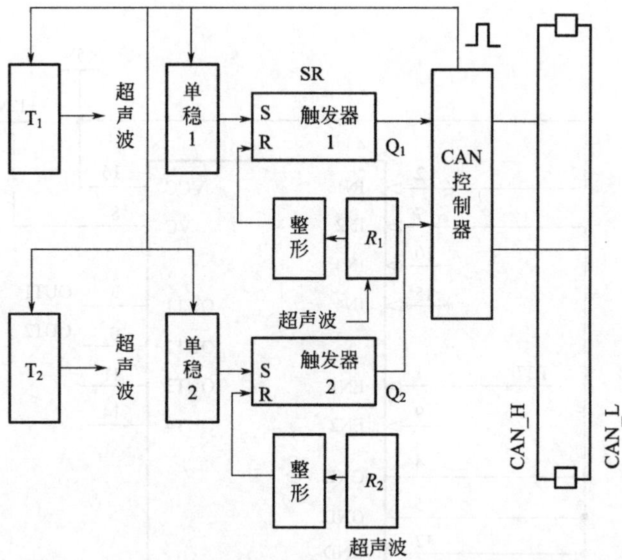

图 6-19　超声波测距的电路组成框图

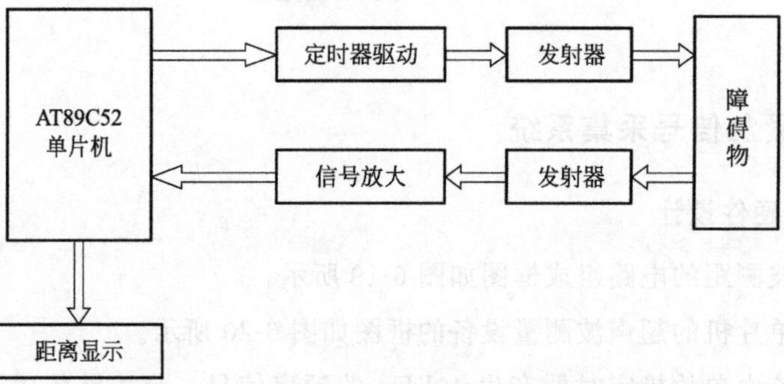

图 6-20　基于单片机的超声波测量设备的框图

超声波发射电路如图 6-21 所示，AT89C51 通过外部引脚 P1.0 输出脉冲宽度为 250μs、频率为 40kHz 的 10 个脉冲串，通过超声波驱动电路以推挽方式加到超声波传感器而发射出超声波。由于超声波的传播距离与它的振幅成正比，为了使测距范围足够远，可对振荡信号进行功率放大后再加在超声波传感器上。

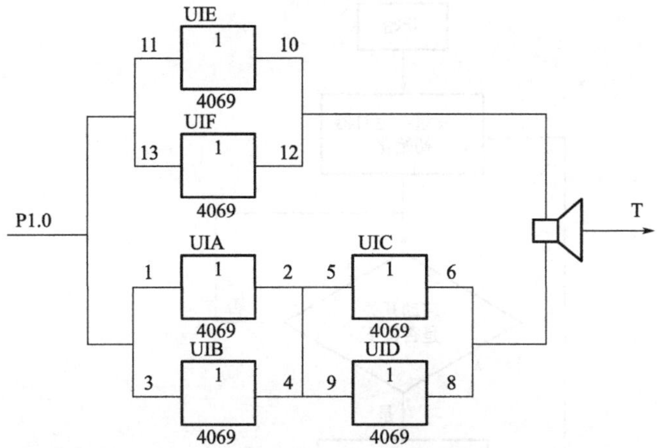

图 6-21　超声波发射电路

超声波接收器接收发射的超声波转换为 40kHz 毫伏级的电压信号，需要经过放大、处理、用于触发单片机中断 INT0。一方面传感器输出信号微弱，同时根据发射条件不同信号大小变化较大，需要放大倍数为 100～5000 倍；另一方面传感器输出阻抗较大，这就需要高输入阻抗的多级放大电路。

CX20106 由前置放大器、限幅放大器、带通滤波器、检波器、积分器、整型电路组成。其中的前置放大器具有自动增益控制功能，可以保证在超声波传感器接收较远反射信号输出微弱电压时放大器有较高的增益，在近距离输入信号强时放大器不会过载。其带滤波器中心频率可由芯片脚 5 的外接电阻调节。其主要指标为：单电源 5V 供电，电压增益 77～79dB，输入阻抗 27Ω，滤波器中心频率 30～60kHz。功能可描述为：在接收到滤波器中心频率相符的信号时，其输出脚 7 输出低电平。芯片中的带通滤波器、积分器等使得它抗干扰能力很强。

（2）软件设计

本系统采用模块化设计，由主程序、发射子程序、接收子程序、定时子程序、显示子程序等模块组成。该系统的主程序处于键空循环工作方式，当按下测量键时，主程序开始调用发射子程序、查询接收子程序、定时子程序，并把测量结果用显示子程序在显示器上显示出来。软件程序设计整体框图如图 6-22 所示。

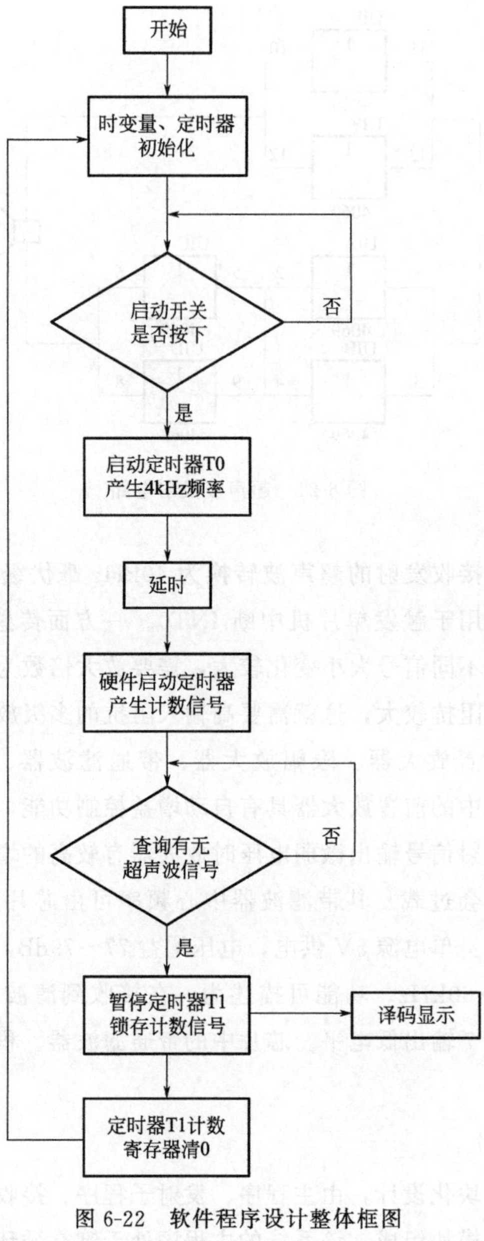

图 6-22　软件程序设计整体框图

定时中断子程序框图如图 6-23 所示。

外部中断子程序框图如图 6-24 所示。

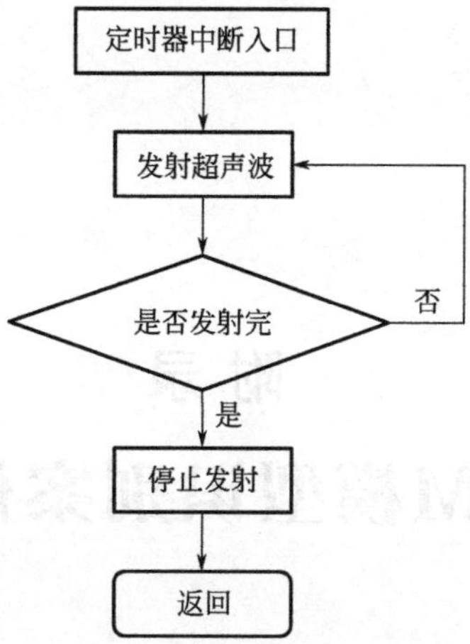

图 6-23　定时中断子程序框图

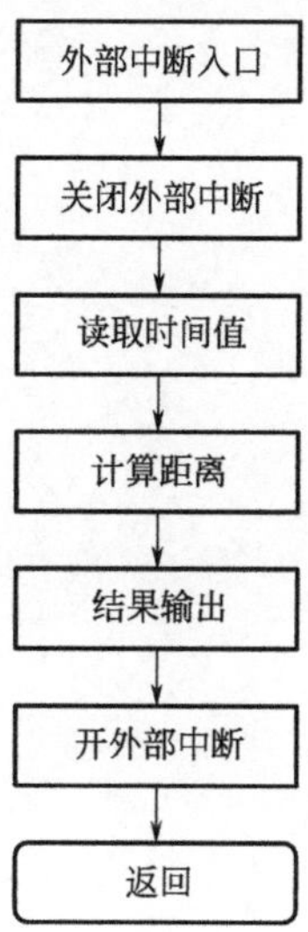

图 6-24　外部中断子程序框图

附 录

LSTM模型识别案例代码

```
#加载库
import numpy as np
import matplotlib.pyplot as plt
import os
from sklearn import preprocessing
import pywt
import pywt.data
import pandas as pd

#读入脑电信号数据,并显示数据
df=pd.read_csv('e:\\2020\\data3.txt',sep= '\t')
df.shape
df.head(2)
#读取所有的行,xuhao至 leibie 列
data1=df.loc[:,'xuhao':'leibie']
data1.head(2)
#读取所有的行,以及从"Unname:2"到后面所有的列,并显示 data3 的长度和形状
data2=df.loc[:,'Unnamed:2':]
data2.head(2)
data3=data2.iloc[0,:]
l=len(data3)
l
data3.shape
#对右转脑电数据信号进行处理
from pandas.core.frame import DataFrame
import numpy as np
import pandas as pd
df_Rt=df[df['leibie']=='R']
filter_R=[True if i%15==0 else False for i in range(df_Rt.shape[0])]
df_R=df_Rt[filter_R]
#iloc 取实际的行号和列号
df_R1=df_R.iloc[:51,2:]
```

```
df_R11=pd.Series(df_R1.values.reshape(1,-1)[0])
df_R15=df_R11.T
df_R15
#运用小波去噪对脑电信号进行处理
import matplotlib.pyplot as plt
import pywt
from sklearn.decomposition import PCA
from sklearn.preprocessing import normalize
import pandas as pd
#得到数据
def xiaoboquzao(data):
    index=[]
    data1=[]
    for i in range(len(data)):
        X=float(i)
        Y=float(data[i])
        index.append(X)
        data1.append(Y)
    w=pywt.Wavelet('db3')
    print("maximum level is "+str(5))
    threshold=3.382158565527598

#将信号进行小波分解
    coeffs=pywt.wavedec(data1,'db3',level=5)
    plt.figure()
    for i in range(1,len(coeffs)):
#将噪声滤波
        coeffs[i]=pywt.threshold(coeffs[i],threshold*max(coeffs[i]))
#将信号进行小波重构
    datarec=pywt.waverec(coeffs,'db3')
#将信号进行分解
    coeffs1=pywt.wavedec(datarec,'db3',level=5)
    mintime=0
    maxtime=mintime+len(data1)+1
```

```
#画图
        plt.figure()
        plt.subplot(3,1,1)
        plt.plot(index[mintime:maxtime],data1[mintime:maxtime])
        plt.ylim(-1,1)
        plt.xlabel('time(s)')
        plt.ylabel('microvolts(uV)')
        plt.title("Raw signal")
        plt.subplot(3,1,2)
        plt.ylim(-1,1)
        plt.plot(index[mintime:maxtime],datarec[mintime:maxtime-1])
        plt.xlabel('time(s)')
        plt.ylabel('microvolts(uV)')
        plt.title("De-noised signal using wavelet techniques")
        plt.subplot(3,1,3)
plt.plot(index[mintime:maxtime],data[mintime:maxtime]-datarec[mintime:
maxtime])
        plt.xlabel('time(s)')
        plt.ylabel('error(uV)')
        plt.ylim(-1,1)
        plt.tight_layout()
        plt.show()
        return datarec,coeffs1
xiaoboquzao(df_R15)
datarec1,coeffs1=xiaoboquzao(df_R15)
print(datarec1)
print(coeffs1)
#把小波系数付给 tr
tr=datarec1
#tr 的长度
len(tr)
#以 tr 作为数据进行小波包分解
wp=pywt.WaveletPacket(data=tr,wavelet='db1',mode='symmetric',max-
```

```
level=5)
    #根据频段频率(freq)进行排序
    print([node.path for node in wp.get_level(1,'freq')])
    print([node.path for node in wp.get_level(2,'freq')])
    print([node.path for node in wp.get_level(3,'freq')])
    print([node.path for node in wp.get_level(4,'freq')])
    print([node.path for node in wp.get_level(5,'freq')])
    #打印小波家族
    pywt.families()
    wp=pywt.WaveletPacket(data=tr,wavelet='db1',mode='symmetric',max-
level=5)
    #提取分解系数
    aaa=wp['aaa'].data
    #提取每一层的每个节点的小波系数
    a=wp['a'].data
    d=wp['d'].data
                #第二层
    aa=wp['aa'].data
    ad=wp['ad'].data
    dd=wp['dd'].data
    da=wp['da'].data
                #第三层
    aaa=wp['aaa'].data
    aad=wp['aad'].data
    ada=wp['add'].data
    add=wp['ada'].data
    daa=wp['dda'].data
    dad=wp['ddd'].data
    dda=wp['dad'].data
    ddd=wp['daa'].data
                #第四层
    aaaa=wp['aaaa'].data
    aaad=wp['aaad'].data
    aadd=wp['aadd'].data
```

```
aada=wp['aada'].data
adda=wp['adda'].data
addd=wp['addd'].data
adad=wp['adad'].data
adaa=wp['adaa'].data
ddaa=wp['ddaa'].data
ddad=wp['ddad'].data
dddd=wp['dddd'].data
ddda=wp['ddda'].data
dada=wp['dada'].data
dadd=wp['dadd'].data
daad=wp['daad'].data
daaa=wp['daaa'].data
          #作小波树图
plt.figure(figsize=(15,10))
plt.subplot(4,1,1)
plt.plot(tr)
plt.ylim(-10,10)
          #第一层
plt.subplot(4,2,3)
plt.plot(a)
plt.ylim(-10,10)
plt.subplot(4,2,4)
plt.plot(d)
plt.ylim(-10,10)
          #第二层
plt.subplot(4,4,9)
plt.plot(aa)
plt.ylim(-10,10)
plt.subplot(4,4,10)
plt.plot(ad)
plt.ylim(-10,10)
plt.subplot(4,4,11)
plt.plot(dd)
```

```
plt.ylim(-10,10)
plt.subplot(4,4,12)
plt.plot(da)
plt.ylim(-10,10)
             #第三层
plt.subplot(4,8,25)
plt.plot(aaa)
plt.ylim(-10,10)
plt.subplot(4,8,26)
plt.plot(aad)
plt.ylim(-10,10)
plt.subplot(4,8,27)
plt.plot(add)
plt.subplot(4,8,28)
plt.plot(ada)
plt.ylim(-10,10)
plt.subplot(4,8,29)
plt.plot(dda)
plt.ylim(-10,10)
plt.subplot(4,8,30)
plt.plot(ddd)
plt.ylim(-10,10)
plt.subplot(4,8,31)
plt.plot(dad)
plt.ylim(-10,10)
plt.subplot(4,8,32)
plt.plot(daa)
plt.ylim(-1,1)

             #左转脑电信号数据,取左转第一通道的数据
from pandas.core.frame import DataFrame
import numpy as np
import pandas as pd
df_L=df[df['leibie']=='L']
```

```
            #取一个通道的数据
filter_L=[True if i% 15==0 else False for i in range(df_L.shape[0])]
df_Lt=df_L[filter_L]
df_Lt.head(2)
df_L1=df_Lt.iloc[:51,2:]
df_L11=pd.Series(df_L1.values.reshape(1,-1)[0])
df_L15=df_L11.T
df_L15.head(2)
            #加载库
import matplotlib.pyplot as plt
import pywt
from sklearn.decomposition import PCA
from sklearn.preprocessing import normalize
import pandas as pd
            #得到数据
            #左转小波去噪
def xiaoboquzao(data):
    index=[]
    data1=[]
    for i in range(len(data)):
        X=float(i)
        Y=float(data[i])

        index.append(X)
        data1.append(Y)

            #选用 Daubechies8 小波
    w=pywt.Wavelet('db3')
    print("maximum level is "+str(5))
                    #阈值
    threshold=3.382158565527598#Threshold for filtering


            #将信号进行小波分解
    coeffs=pywt.wavedec(data1,'db3',level=5)
```

```
    #print(coeffs)
        plt.figure()
        for i in range(1,len(coeffs)):
            coeffs[i]=pywt.threshold(coeffs[i],threshold*max(coeffs[i]))

        datarec2=pywt.waverec(coeffs,'db3')
        coeffs2=pywt.wavedec(datarec2,'db3',level=5)
    mintime=0
        maxtime=mintime+len(data1)+1
            #画图
        plt.figure()
        plt.subplot(3,1,1)
        plt.plot(index[mintime:maxtime],data1[mintime:maxtime])
        plt.ylim(-1,1)
        plt.xlabel('time(s)')
        plt.ylabel('microvolts(uV)')
        plt.title("Raw signal")
        plt.subplot(3,1,2)
        plt.ylim(-1,1)
        plt.plot(index[mintime:maxtime],datarec2[mintime:maxtime-1])
        plt.xlabel('time(s)')
        plt.ylabel('microvolts(uV)')
        plt.title("De-noised signal using wavelet techniques")

        plt.subplot(3,1,3)
plt.plot(index[mintime:maxtime],data[mintime:maxtime]- datarec2[mint-
ime:maxtime])
        plt.xlabel('time(s)')
        plt.ylabel('error(uV)')
        plt.ylim(-1,1)
        plt.tight_layout()
        plt.show()
        return datarec2,coeffs2
            #调用小波函数
```

```
    xiaoboquzao(df_L15)
    datarec2,coeffs2=xiaoboquzao(df_L15)
    print(datarec2)
    print(coeffs2)
    tr2=datarec2
                #小波包函数
    def xiaobobao(tr):
    wp=pywt.WaveletPacket(data=tr,wavelet='db1',mode='symmetric',max-
level=3)
                #根据频段频率(freq)进行排序
            a1=[]
            for i inrange(0,tr2.shape[0],12):
               #print(i)
               #print(tr[i:i+12])
              a1.append(tr2[i:i+12])
            trs=[]
            for t in a1:
              #print(t)

              wp=pywt.WaveletPacket(data=t,wavelet='db1',mode='symmet-
              ric',maxlevel=5)
              a=wp['a'].data #第 1 个节点
              d=wp['d'].data #第 2 个节点
                  #第二层
              aa=wp['aa'].data
              ad=wp['ad'].data
              dd=wp['dd'].data
              da=wp['da'].data
                  #第三层
              aaa=wp['aaa'].data
              aad=wp['aad'].data
              ada=wp['add'].data
              add=wp['ada'].data
              daa=wp['dda'].data
```

```
            dad=wp['ddd'].data
            dda=wp['dad'].data
            ddd=wp['daa'].data
                #第四层
            aaad=wp['aaad'].data
            aadd=wp['aadd'].data
            aada=wp['aada'].data
            adda=wp['adda'].data
            addd=wp['addd'].data
            adad=wp['adad'].data
            adaa=wp['adaa'].data
            ddaa=wp['ddaa'].data
            ddad=wp['ddad'].data
            dddd=wp['dddd'].data
            ddda=wp['ddda'].data
            dada=wp['dada'].data
            dadd=wp['dadd'].data
            daad=wp['daad'].data
            daaa=wp['daaa'].data
                #小波包能量特征提取
            n=5
            #第n层所有节点的分解系数
            re=[]
            for i in [node.path for node in wp.get_level(5,'freq')]:
                re.append(wp[i].data)
            #第n层能量特征
            energy=[]
            for i in re:
                energy.append(pow(np.linalg.norm(i,ord=None),2))

            trs.append(energy)
        return trs
        #调用小波包函数
    xiaobobao(tr2)
```

```
trs2=xiaobobao(tr2)
#trs2#左转第一通道的108行的数据得到的能量
trs2
zuozhuan=DataFrame(trs2)
zuozhuan.head(2)
zuozhuan.shape
#直行脑电信号数据,取直行第一通道的数据
from pandas.core.frame import DataFrame
import numpy as np
import pandas as pd
df_Z=df[df['leibie']=='Z']
#取一个通道的数据
filter_Z=[True if i% 15==0 else False for i in range(df_Z.shape[0])]
df_Zt=df_Z[filter_Z]
df_Zt
df_Z1=df_Zt.iloc[:51,2:]
df_Z11=pd.Series(df_Z1.values.reshape(1,-1)[0])
df_Z15=df_Z11.T
df_Z15
import matplotlib.pyplot as plt
import pywt
from sklearn.decomposition import PCA
from sklearn.preprocessing import normalize
import pandas as pd
#得到数据
def xiaoboquzao(data):
    index=[]
    data1=[]
    for i in range(len(data)):
        X=float(i)
        Y=float(data[i])

        index.append(X)
        data1.append(Y)
```

```
#选用 Daubechies8 小波
    w=pywt.Wavelet('db3')
    print("maximum level is"+str(5))
    #阈值
    threshold=3.382158565527598

#将信号进行小波分解
    coeffs=pywt.wavedec(data1,'db3',level=5)
    plt.figure()
    for i in range(1,len(coeffs)):
#将噪声滤波
        coeffs[i]=pywt.threshold(coeffs[i],threshold* max(coeffs[i]))
#将信号进行小波重构
    datarec1=pywt.waverec(coeffs,'db3')
#将信号进行分解
    coeffs1=pywt.wavedec(datarec1,'db3',level=5)
mintime=0
    maxtime=mintime+len(data1)+1
#画图
    plt.figure()
    plt.subplot(3,1,1)
    plt.plot(index[mintime:maxtime],data1[mintime:maxtime])
    plt.ylim(-40,40)
    plt.xlabel('time(s)')
    plt.ylabel('microvolts(uV)')
    plt.title("Raw signal")

    plt.subplot(3,1,2)
    plt.ylim(-40,40)
    plt.plot(index[mintime:maxtime],datarec1[mintime:maxtime-1])
    plt.xlabel('time(s)')
    plt.ylabel('microvolts(uV)')
    plt.title("De-noised signal using wavelet techniques")
```

```
        plt.subplot(3,1,3)

plt.plot(index[mintime:maxtime],data[mintime:maxtime]-datarec1[mintime:
maxtime])
        plt.xlabel('time(s)')
        plt.ylabel('error(uV)')
        plt.ylim(-40,40)

        plt.tight_layout()
        plt.show()
        return datarec1,coeffs1
    #调用函数
    xiaoboquzao(df_Z15)
    datarec3,coeffs3=xiaoboquzao(df_Z15)
    print(datarec3)
    print(coeffs3)
    tr3=datarec3
    def xiaobobao(tr):

    #根据频段频率(freq)进行排序
            a1=[]
            for i inrange(0,tr3.shape[0],12):
                a1.append(tr3[i:i+12])
            trs=[]
            for t in a1:
            wp=pywt.WaveletPacket(data=t,wavelet='db1',mode='symmetric',
            maxlevel=5)
                a=wp['a'].data#第 1 个节点
                d=wp['d'].data#第 2 个节点
                #第二层
                aa=wp['aa'].data
                ad=wp['ad'].data
                dd=wp['dd'].data
                da=wp['da'].data
```

```
#第三层
aaa=wp['aaa'].data
aad=wp['aad'].data
ada=wp['add'].data
add=wp['ada'].data
daa=wp['dda'].data
dad=wp['ddd'].data
dda=wp['dad'].data
ddd=wp['daa'].data
#第四层
aaad=wp['aaad'].data
aadd=wp['aadd'].data
aada=wp['aada'].data
adda=wp['adda'].data
addd=wp['addd'].data
adad=wp['adad'].data
adaa=wp['adaa'].data
ddaa=wp['ddaa'].data
ddad=wp['ddad'].data
dddd=wp['dddd'].data
ddda=wp['ddda'].data
dada=wp['dada'].data
dadd=wp['dadd'].data
daad=wp['daad'].data
daaa=wp['daaa'].data
#小波包能量特征提取
n=5
#第n层所有节点的分解系数
re=[]
for i in [node.path for node in wp.get_level(5,'freq')]:
    re.append(wp[i].data)
#第n层能量特征
energy=[]
for i in re:
```

```
            energy.append(pow(np.linalg.norm(i,ord=None),2))
        #for i in energy:
            #print(energy)
        trs.append(energy)
    return trs
#调用函数
xiaobobao(tr3)
trs3=xiaobobao(tr3)
#显示 trs3
trs3
#右转为 x1,左转为 x2,直行为 x3
zhixing=DataFrame(trs3)
zhixing.head(2)
zhixing.shape
youzhuan['shuxing']=1
zuozhuan['shuxing']=3
zhixing['shuxing']=2
zhixing.head(2)
#列名确定
zhixing.columns=['A','B','C','D','E','F','G','H','I','J','K','L','M','N','O','P','Q','R','S','T','U','V','W','X','Y','Z','AA','BB','CC','DD','EE','FF','shuxing']
zuozhuan.columns=['A','B','C','D','E','F','G','H','I','J','K','L','M','N','O','P','Q','R','S','T','U','V','W','X','Y','Z','AA','BB','CC','DD','EE','FF','shuxing']
youzhuan.columns=['A','B','C','D','E','F','G','H','I','J','K','L','M','N','O','P','Q','R','S','T','U','V','W','X','Y','Z','AA','BB','CC','DD','EE','FF','shuxing']
#看一下文件读成 dataframe 是什么样子
df1=pd.read_csv('e:\\2020\\2020\\xyouzhuanzhixing5.txt',sep='\t')
df1.head(5)
df1['shuxing'].unique()
df1.shuxing[0:3265]=0
df1.shuxing[3265:]=1
```

```
df1.head(2)
df123=df1.loc[:,(df1!=0).any(axis=0)]
df123.head(2)
#数据的获取与处理
import tensorflow as tf
import numpy as np
import pandas as pd
df123.dtypes
df123["shuxing"].unique()
df123.shape
youzhuanzhixing_data=np.float32(df123)
np.save('./X',youzhuanzhixing_data)
youzhuanzhixing_data.shape
#右转、直行数据处理
youzhuanzhixing_data1=youzhuanzhixing_data[0:4000,:-1]
youzhuanzhixing_data1.shape
youzhuanzhixing_data1
youzhuanzhixing_data.shape
#右转、直行类别确定
youzhuanzhixing_data2=youzhuanzhixing_data[4000:6528,:-1]
youzhuanzhixing_data2.shape
youzhuanzhixing_target=youzhuanzhixing_data[:,-1]
youzhuanzhixing_target

youzhuanzhixing_target1=youzhuanzhixing_data[0:4000,-1]
youzhuanzhixing_target1.shape
youzhuanzhixing_target1

youzhuanzhixing_target2=youzhuanzhixing_data[4000:6528,-1]
youzhuanzhixing_target2.shape
youzhuanzhixing_data2.shape[1]
youzhuanzhixing_data2
from keras.models import Sequential
from keras.layers import LSTM,Dense
```

```
import numpy as np


data_dim=16
timesteps=4
num_classes=2
#期望输入数据尺寸
model=Sequential()
model.add(LSTM(32,return_sequences=True,input_shape=(data_dim,time-
steps)))#返回维度为32的向量序列,运用LSTM模型
model.add(LSTM(32,return_sequences=True))
model.add(LSTM(32))
model.add(Dense(2,activation='softmax'))
model.compile(loss='categorical_crossentropy',
              optimizer='rmsprop',
               metrics=['accuracy'])
#生成虚拟训练数据
x_train = np.reshape(youzhuanzhixing_data1,(youzhuanzhixing_da-
ta1.shape[0],youzhuanzhixing_data1.shape[1],1))
y_train=youzhuanzhixing_target1

#生成虚拟验证数据
x_val=np.reshape(youzhuanzhixing_data2,(youzhuanzhixing_data2.shape
[0],youzhuanzhixing_data2.shape[1],1))
y_val=youzhuanzhixing_target2
#拟合模型
model.fit(x_train,y_train,
          batch_size=8,epochs=50,
          validation_data=(x_val,y_val))
```

参考文献

[1] 刘春宇. 智能网联车辆与非网联车辆混行条件下的交通信息处理技术与信号控制方法研究［D］. 长春：吉林大学，2019.

[2] 李志伟. 智能网联车辆与普通车辆混合车流交通状态估计方法研究［D］. 南京：东南大学，2017.

[3] 黎宇科，刘宇. 国外智能网联汽车发展现状及启示［J］. 汽车工业研究，2016（10）：30-36.

[4] Zeng Fantian. Review of the key technologies and applications in internet of vehicle［C］. IEEE Beijing Section、Chinese Instrument and Control Society（CIS）. Proceedings of 2017 13th IEEE International Conference on Electronic Measurement &Instrument（ICEMI）. IEEE Beijing Section、Chinese Instrument and Control Society（CIS）：IEEE BEIJING SECTION（跨国电器电子工程师学会北京分会），2017：1411-1415.

[5] ［美］埃里克·马瑟斯. Python 编程从入门到实践［M］. 袁国忠，译. 北京：人民邮电出版社，2016.

[6] 徐天成，谷亚林，钱玲. 信号与系统［M］. 第 4 版. 北京：电子工业出版社，2012.

[7] John Proakis G，Dimitris Manolakis G. 数字信号处理——原理、算法与应用［M］. 方艳梅，刘永清，等译. 北京：电子工业出版社，2014.

[8] 段超，王静逸. 神经网络与深度学习实战［M］. 北京：机械工业出版社，2019.

[9] 阿斯顿·张，李沐，［美］扎卡里·C·立顿，等. 动手学深度学习［M］. 北京：人民邮电出版社. 2019.

[10] 张俊. 我国智能网联汽车产业的发展困境与应对策略［J］. 智库时代，2018，154（38）：52-53.

[11] 张亚萍，刘华，李碧钰，等. 智能网联汽车技术与标准发展研究［J］. 上海汽车，2015（08）：55-59.

[12] Talebpour A，Mahmassani H S，Hamdar S H. Modeling lane-changing behavior in a connected environment：A game theory approach［J］. Transportation Research Procedia，2015，7：420-440.

[13] 李克强. 智能网联汽车现状及发展战略建议［J］. 经营者（汽车商业评论），2016（02）：170-175.

[14] Widrow B，Rumelhart D E，Lehr M A. Neural networks：applications in industry，business and science［J］. Communications of the ACM，1994，37（3）：93-105.

[15] Rumelhart D E，Widrow B，Lehr M A. Basic ideas in neural networks［J］. Communications of the ACM，1994，37（3）：87-92.

[16] 陈明，等. MATLAB 神经网络原理与实例详解［M］. 北京：清华大学出版社，2016.

[17] 金杰，赵喆，郝燕. BP 神经网络在药物制剂处方优化中的应用［J］. 中国药剂学杂志，2006，4（5）：219-224.

[18] 周开利，康耀红. 神经网络模型及其 MATLAB 仿真程序设计 [M]. 北京：清华大学出版社，2005.

[19] Mirchandani G，Wei C. On hidden nodes for neural nets [J]. IEEE Trans on Circuits and Systems，1992，36 (5)：661-664.

[20] 黄德双. 神经网络模式识别系统理论 [M]. 北京：电子工业出版社，1996.

[21] Biegler K F，Barmann F. A learning algorithm for multilayer neural networks based on linear least squares problems [J]. Neural Networks，1993，6：127-131.

[22] Hagan M T，Menhaj M. Training Feedforward networks with the marquardt algorithm [J]. IEEE Trans. Neural Networks，1994，5：989-993.

[23] Chen S，Cowan C F N，Grant P M. Orthogonal least squares learning algorithm for radial basis function networks [J]. IEEE Trans. Neural Networks，1991，2 (3)：302-309.

[24] Wang G J，Chen C C. A fast multilayer neural-network training algorithm based on the layer-by-layer optimizing procedures [J]. IEEE Trans. Neural Networks，1996，7 (3)：768-775.

[25] Whitley D，Starkweather T，Bogart C. Genetic algorithms and neural networks：optimizing connections and connectivity [J]. Parallel Computation，1990，14 (3)：347-361.

[26] 饶运涛，邹继军，郑勇芸. 现场总线 CAN 原理与应用技术 [M]. 北京：北京航空航天大学出版社，2003.

[27] 蒋子阳. TensorFlow 深度学习算法原理与编程实战 [M]. 北京：中国水利水电出版社，2019.

[28] [美] 肖莱 F. Python 深度学习 [M]. 张亮，译. 北京：人民邮电出版社，2019.

[29] 王晓华. TensorFlow 深度学习应用实践 [M]. 北京：清华大学出版社，2020.

[30] 刘涛，曾祥利，曾军. 实用小波分析入门 [M]. 北京：国防工业出版社，2006.

[31] 徐天成，谷亚林，钱玲. 信号与系统 [M]. 北京：电子工业出版社，2012.

[32] 刘珑，李胜，王铁卿. 基于小波包变换的脑电波信号降噪及特征提取 [J]. 计算机工程与科学，2015，37 (4).

[33] [芬] Aapo Hyvarinen，Juha Karhunen，Erkki Oja. 独立成分分析 [M]. 周宗潭，董国华，徐昕，等译. 北京：电子工业出版社，2014.

[34] [美] Chris Albon. Python 机器学习手册 [M]. 韩慧昌，林然，徐江，译. 北京：电子工业出版社，2019.

[35] Misener J A，Tsao Song B，Steinfeld A. Emergence of a Cognitive Car-Following Driver Model：Application to Rear-End Crashes with a Stopped Lead Vehicle [J]. Transportation Research Record Journal of the Transportation Research Board，2000，1724 (1724).

[36] 王晓原，隽志才，贾鸿飞. 开发和评价 ITS 的微观交通流仿真模型 [J]. 交通运输工程学报，2002，2 (1)：62-66.

[37] 刘雁飞. 驾驶行为建模研究 [D]. 杭州：浙江大学，2007.

[38] 王生昌，李新耀. 驾驶员动作、反应特性与交通事故的相关性研究 [J]. 西安公路交通大学学报，1995，5 (4)：60-65.

[39] 彭楚翘，何存道，陈斌，等. 事故多发驾驶员与安全驾驶员反应时的比较研究 [J]. 心理科学，2000，23 (2)：204-206.

[40] 金会庆，余皖生，张树林，等. 机动车驾驶员身体素质条件及测评指标的研究 [J]. 人类工效学，2001，7 (3)：1-6.

[41] 李百川，孙建宏，肖利军. 中国职业汽车驾驶员适宜性检测标准制订研究 [J]. 安全与环境学报，2001，1 (3)：7-8.

[42] 付锐，林开荣，等. 排行学在驾驶员事故倾向性分析中的应用 [J]. 人类工效学，2002，8 (2)：58-60.

[43] 李凤芝，李昌吉，龙云芳，等. 汽车驾驶员攻击性驾驶行为的心理因素分析 [J]. 四川大学学报，2004，25 (4)：568-570.

[44] 李凤芝，李昌吉，龙云芳，等. 攻击性驾驶行为与交通事故的关系研究 [D]. 成都：四川大学，2004.

[45] 庄明科，白海峰，谢晓非，等. 驾驶人员风险驾驶行为分析及相关因素研究 [J]. 北京大学学报，2008，44 (3)：475-481.

[46] 刘宁，张侃. 驾驶分心的测量方法 [J]. 驾驶分心的测量方法，2007，13 (2)：38-40.

[47] 袁伟，付锐，郭应时，等. 汽车驾驶人感知决策校正行为模式 [J]. 长安大学学报，2007，27 (3)：81-83.

[48] 王健. 道路环境与驾驶行为 [J]. 重庆交通学院学报，1990 (3)：21-25.

[49] 张殿业，张开冉，金键. 道路标线对驾驶行为的影响 [J]. 中国公路学报，2001，14 (4)：89-90.

[50] 潘晓东. 人体信息技术在道路几何构造安全性评价中的应用 [D]. 上海：同济大学，2002.

[51] 潘福全，项乔君，陆健，等. 公路平面交叉口驾驶行为研究 [J]. 道路交通与安全，2007，7 (5)：13-14.

[52] 孙绍鑫，李云霞，任毅. 基于驾驶舒适性的山区双车道公路平面线形设计指标研究 [J]. 山东交通学院学报，2008，16 (2)：51-53.

[53] 金健. 驾驶疲劳机理及馈选模式研究 [M]. 西安：西南交通大学，2002.

[54] 焦昆，李增勇，王成焘. 形成疲劳的利用与建模 [J]. 汽车科技，2002，6：13-15.

[55] 张南. 蒋葛夫，李相勇. 驾驶疲劳评价的模糊数学模型 [J]. 人类工效学，2003，9 (1)：65-66.

[56] 杨光瑜，尹志勇，王正国. 驾驶不稳定性检测方法研究 [J]. 中国测试技术，2005，31 (3)：36-38.

[57] 李斌，王猛，汪林. 驾驶时间对应运驾驶员驾驶能力影响的试验研究 [J]. 工业安全与环保，2007，24 (5)：114-120.

[58] 吴超仲，张晖，毛喆，等. 基于驾驶操作行为的驾驶员疲劳状态识别模型研究 [J]. 中国安全科学学报，2007，17 (4)：162-165.

[59] 王武宏. 汽车驾驶员行为模式及其心理因素对可靠性的影响 [J]. 汽车技术，1994，11：13-18.

[60] 魏朗，高丽敏，余强，等. 驾驶员道路安全感受模糊评价模型 [J]. 交通运输工程学报，2004，4 (1)：102-105.

[61] 魏朗，高丽敏. 道路交通安全性评估模式的探讨 [J]. 安全与环境学报，2004，4 (6)：93-95.

[62] 魏朗，周维新，李春明. 驾驶员道路认知特性模型 [J]. 交通运输工程学报，2005，5 (4)：116-120.

[63] 贾洪飞，司银霞，唐明. 基于认知心理学的驾驶员信息加工模式研究 [J]. 中国安全科学学报，2006，16 (1)：22-25.

[64] 马丹，韩冰源，刘鸿. 驾驶员生理周期对其驾驶行为影响的研究 [J]. 森林工程，2007，23 (5)：43-44.

[65] 王晓原，杨新月. 基于决策树的驾驶行为决策机制研究 [J]. 系统仿真学报，2008，20 (2)：415-448.

[66] Hashim Al-Madani，Abdul-Rahman Al-Janahi. Assessment of drivers' comprehension of traffic signs based on their traffic，personl and social characteristics [J]. Transportation Research Part F，2002，5 (1)：63-76.

[67] George Yannis，John Golias，Eleonora Papadimitriou. Accident risk of foreign drivers in various road environments [J]. Journal of Safety Research，2007 (38)：471-480.

[68] Mayou R，Bryant B. Consequences of road traffic accidents for different types of road user [J]. Injury，2003，34：197-202.

[69] Smart R，Stoduto G，Mann R，et al. Road rage experience and behavior：Vehicle，exposure，and driver factors [J]. Traffic Injury Prevention，2004，5：343-348.

[70] Hataka M，Kesknien E. From control of the vehicle to personal self-control；broadening the perspectives to driver education [J]. Transportation research part F，2002 (5)：201-215.

[71] 张良力. 面向安全预警的机动车驾驶意图识别方法研究 [D]. 武汉：武汉理工大学，2011.

[72] 侯海晶. 高速公路驾驶人换道意图识别方法研究 [D]. 长春：吉林大学，2013.

[73] Lee C J，Hebbale K V，Otanez P，et al. Driver intention detection algorithm for transmission control [P]. WIPO Patent2009099725. 2009-8-14.

[74] 康梅. 东风标致 307 紧急制动辅助系统（上）[J]. 汽车维修技师，2005 (11)：17-19.

[75] Ohashi K，Yamaguchi T，Tamai I. Humane Automotive System Using Driver Intention Recognition [C]. Japan：SICE Annual Conference，2004：2363-2366.

[76] Murphey Y L，Park J，Chen Z，et al. Intelligent Hybrid Vehicle Power Control-Part I：Machine Learning of Optimal Vehicle Power [J]. IEEE Transactions on Vehicular Technology，2012，61 (8)：3519-3530.

[77] Chang C C，Tsai J C，Pei S J. Quantum particle swarm optimization algorithm for feedback control of semi-autonomous driver assistance systems [J]. Intelligent Transport Systems，2014，7：608-620.

[78] Chiang Hsin-Han，Chen Yen-Lin，Wu Bing-Fei. Embedded Driver-Assistance System Using Multiple Sensors for Safe Overtaking Maneuver [J]. IEEE Systems Journal，2014，8 (3)：681-698.

[79] Taha T，Valls Miro J，Dissanayake G. Wheelchair Driver Assistance and Intention Prediction

using POMDPs [C]. Intelligent Sensors Sensor Networks and Information (ISSINIP) International Conference，2007：449-454.

[80] Holger Berndt，Jorg Emmert，Klaus Dietmayer. Continuous Driver Intention Recognition with Hidden Markov Models [C]. International IEEE Conference on Intelligent Transportation Systems，2008：1189-1194.

[81] Taku ya Mizushima，Pongsathom Raksincharoensak，Masao Nagai. Direct Yaw-moment Control Adapted to Driver Behavior Recognition [C]. Intelligent joint intenational on Sice-icase，2007，44 (8)：534-539.

[82] Nguyen V D，Michitaka Kameyama. Bayesian-Networks-Based Motion Estimation for a Highly-Safe Intelligent Vehicle [C]. SICE-ICASE International Joint Conference，2006.

[83] Vahidi A，Eskandarian A. Research advances in intelligent collision avoidance and adaptive cruise control [J]. IEEE Trans. Intell. Transp，2003，4 (3)：143-153.

[84] Labayrade R，Royere C，Aubert D. A collision mitigation system using laser scanner and stereo vision fusion and its assessment [J]. IEEE Intell. Vehicles Symp，2005 (6)：441-446.

[85] Liebner，Martin，et al. Velocity-based driver intent inference at urban intersections in the presence of preceding vehicles [J]. IEEE Intelligent Transportation Systems Magazine，2013，5 (2)：10-21.

[86] Maghsood，Roza，Pär Johannesson. Detection of the curves based on lateral acceleration using hidden Markov models [J]. Procedia Engineering，2013 (66)：425-434.

[87] Martin Liebner，Felix Klanner. Driver Intent Inference and Risk Assessment [J]. Handbook of Driver Assistance Systems，2015：891-915.

[88] Rodemerk C，Winner H，Kastner R. Predicting the driver's turn intentions at urban intersections using context-based indicators [C]. 2015 IEEE Intelligent Vehicles Symposium (Ⅳ)，2015.

[89] 王玉海，宋健，李兴坤. 驾驶人意图与行驶环境的统一识别及实时算法 [J]. 机械工程学报，2006，42 (4).

[90] 殷青. 基于稀疏贝叶斯学习方法的回归与分类在电力系统中的预测研究 [D]. 山东大学，2010.

[91] 刘志强，张章，汪澎. 考虑驾驶人换道意图的车道偏离预警系统 [J]. 科技导报，2014，32 (19)：48-52.

[92] 储颖，肖献强，朱家诚. 基于驾驶行为及意图的汽车主动安全技术研究 [J]. 机械设计与制造，2011 (1)：266-268.

[93] 秦洪懋. 基于驾驶行为的车道偏离预警系统关键技术研究 [D]. 镇江：江苏大学，2014.

[94] 宗长富，杨肖，王畅，等. 汽车转向时驾驶人驾驶意图辨识与行为预测 [J]. 吉林大学学报，2009：39.

[95] 王玉海，宋健，李兴坤. 基于模糊推理的驾驶意图识别研究 [J]. 公路交通科技，2005，22 (12)：113-139.

[96] 崔业杰. 驾驶人操纵意图辨识方法及应用研究 [D]. 长春：吉林大学学报，2013.

[97] 孙纯. 基于驾驶人视觉特性的换道意图识别 [D]. 西安：长安大学，2012.

[98] 李寿涛，郭立书，徐辉，等. 基于模糊逻辑的驾驶人紧急制动意图识别 [J]. 仪器仪表学报，2008 (5,6).

[99] Berndt H，Dietmayer K. Driver intention inference with vehicle onboard sensors [C]. International Conference on Vehicular Electronics and Safety (ICVES). IEEE，2009：102-107.

[100] Schmidt K，Beggiato M，Hoffmann K H，et al. A mathematical model for predicting lane changes using the steering wheel angle [J]. Journal of Safety Research，2014，49：85-90.

[101] Huang X. Driver Lane Change Intention Recognition by Using Entropy-Based Fusion Techniques and Support Vector Machine Learning Strategy [D]. 2013.

[102] Lethaus F，Baumann M R K，Koster F，et al. A comparison of selected simple supervised learning algorithms to predict driver intent based on gaze data [J]. Neurocomputing，2013，121：108-130.

[103] Zach äus C，Müller B，Meyer G. Advanced Micorsytems for Automotive Applications 2017：Smart Systems Transforming the Automobile [M]. Gewerbestrasse：Springer International Publishing，2017.

[104] Salvucci D D. Inferring driver intent：A case study in lane-change detection [J]. Human Factors & Ergonomics Society Annual Meeting Proceedings，2004，49 (19)：2228-2231.

[105] Jin L，Hou H，Jiang Y. Driver intention recognition based on Continuous Hidden Markov Model [C]. Proceedings 2011 International Conference on Transportation，Mechanical，and Electrical Engineering (TMEE). IEEE，2011：739-742.

[106] Kumar P，Perrollaz M，Lefevre S，et al. Learning-based approach for online lane change intention prediction [C]. Intelligent Vehicles Symposium. IEEE，2013：797-802.

[107] Kim I H，Bong J H，Park J，et al. Prediction of Driver's Intention of Lane Change by Augmenting Sensor Information Using Machine Learning Techniques [J]. Sensors，2017，17 (2)：1350.

[108] Schubert R，Schulze K，Wanielik G. Situation Assessment for Automatic Lane-Change Maneuvers [J]. Transactions on Intelligent Transportation Systems. IEEE，2010，11 (3)：607-616.

[109] 刘志强，吴雪岗，倪捷，等. 基于 HMM 和 SVM 级联算法的驾驶意图识别 [J]. 汽车工程，2018，40 (7)：858-864.

[110] 郭应时，付锐，赵凯，等. 驾驶人换道意图实时识别模型评价及测试 [J]. 吉林大学学报，2016 (46)：1836-1844.

[111] 张海伦，付锐. 高速场景相邻前车驾驶行为识别及意图预测 [J]. 交通运输系统工程与信息，2020，20 (1)：40-46.

[112] Zyner A，Worrall S，Nebot E. A Recurrent Neural Network Solution for Predicting Driver Intention at Unsignalized Intersections [J]. IEEE Robotics and Automation Letters，2018，3 (3)：1759-1764.

[113] Jain A, Singh A, Koppula H S, et al. Recurrent Neural Networks for driver activity anticipation via sensory-fusion architecture [J]. IEEE International Conference on Robotics and Automation (ICRA), 2016: 3118-3125.

[114] 季学武，费聪，何祥坤，等. 基于 LSTM 网络的驾驶意图识别及车辆轨迹预测 [J]. 中国公路学报，2019，32 (6)：34-42.

[115] 王亚伟，尹慧琳，伍淑杰，等. 基于长短时记忆网络的路口转向意图预测 [J]. 系统仿真技术，2019，15 (1).

[116] 王晓原，王雷，刘智平. 驾驶人序贯行为模型的非参数验证方法研究 [J]. 系统工程，2006 (1)：285-289.

[117] Champency D C. A handbook of Fourier theorems [J]. Cambridge university press, 1987, 18 (1): 1-200.

[118] Doshi A, Trivedi M M. On the Roles of Eye Gaze and Head Dynamics in Predicting Driver' s Intent to Change Lanes [C]. IEEE Transactions on Intelligent Transportation System, 2009, 10 (3): 453-462.

[119] 徐慧智，裴玉龙，于涛，等. 驾驶人车道变换行为视点转移特性研究 [J]. 哈尔滨理工大学学报，2010，15 (5)：57-60.

[120] 霍克. 城市道路驾驶人车道变换行为及注视转移特性研究 [D]. 西安：长安大学，2010.

[121] L. F. Hads. Hans Berger, Richard Caton, and electroencephalography [J]. Journal of Neurology, Neurosurgery & Psy chiatry, 2003, 74 (1): 9.

[122] 王东洋. 基于运动想象的脑电信号识别算法的研究 [D]. 上海：华东理工大学，2013：9-10.

[123] Burke D P, Kelly S P, de Chazal P, et al. A parametric feature extraction and classification strategy for brain-computer interfacing [J]. IEEE Transactions on Neural Systems and Rehabilitation Engineering, 2005, 13 (1): 12-17.

[124] Liang N Y, Saratchandran P, Huang G B, et al. Classification of mental tasks from EEG signals using extreme learning machine [J]. International Journal of Neural Systems, 2006, 16 (01): 29-38.

[125] Jahankhani P, Kodogiannis V, Revett K. EEG signal classification using wavelet feature extraction and neural networks [J]. IEEE John Vincent Atanasoff International Symposium on Modern Computing, 2006 (6): 120-124.

[126] Polat K, Gunes S. Classification of epileptiform EEG using a hybrid system based on decision tree classifier and fast Fourier transform [J]. Applied Mathematics and Computation, 2007, 187 (2): 1017-1026.

[127] Subasi A. EEG signal classification using wavelet feature extraction and a mixture of expert model [J]. Expert Systems with Applications, 2007, 32 (4): 1084-1093.

[128] Ting W, Guo-zhengY, Bang-hua Y, et al. EEG feature extraction based on wavelet packet decomposition for brain computer interface [J]. Measurement, 2008, 41 (6): 618-625.

[129] Cvetkovic D, Ubeyli E D, Cosic I. Wavelet transform feature extraction from human PPG, ECG, and EEG signal responses to ELF PEMF exposures: A pilot study [J]. Digital Signal Processing, 2008, 18 (5): 861-874.

[130] Xu Q, Zhou H, Wang Y, et al. Fuzzy support vector machine for classification of EEG signals using wavelet-basedfeatures [J]. Medical engineering & physics, 2009, 31 (7): 858-865.

[131] Guo L, Rivero D, Pazos A. Epileptic seizure detection using multiwavelet transform based approximate entropy and artificial neural networks [J]. Journal of neuroscience methods, 2010, 193 (1): 156-163.

[132] Song Y, Lio P. A new approach for epileptic seizure detection: sample entropy based feature extraction and extreme learning machine [J]. Journal of Biomedical Science and Engineering, 2010, 3 (06): 556.

[133] Ianez E, Azorin J M, Ubeda A, et al. LDA-based classifiers for a mental tasks-based brain-computer interface [J]. 2010 IEEE International Conference on Systems Man and Cybernetics (SMC), 2010: 546-551.

[134] Murugavel A S M, Ramakrishnan S. Multi-class SVM for EEG signal classification using wavelet based approximate entropy [J]. Social Informatics and Telecommunications Engineering on Computer Sciences, 2012: 334-335.

[135] Song Y, Crowcroft J, Zhang J. Automatic epileptic seizure detection in EEGS based on optimized sample entropy and extreme learning machine [J]. Journal of neuroscience methods, 2012, 210 (2): 132-146.

[136] Bajaj V, Pachori R B. Classification of seizure and nonseizure EEG signals using empirical mode decomposition [J]. IEEE Transactions on Information Technology in Biomedicine, 2012, 16 (6): 1135-1142.

[137] Lawhern V, Hairaton W D, McDowell K, et al. Detection and classification of subject-generated artifacts in EEG signals using autoregressive models [J]. Journal of neuroscience methods, 2012, 208 (2): 181-189.

[138] Yentes J M, Hunt N, Schmid K K, et al. The appropriate use of approximate entropy and sample entropy with short data sets [J]. Annals of biomedical engineering, 2013, 41 (2): 349-365.

[139] Ahangi A, Karamnejad M, Mohammadi N, et al. Multiple classifier system for EEG signal classification with application to brain-computer interfaces [J]. Neural Computing and Applications, 2013, 23 (5): 1319-1327.

[140] Duan R N, Zhu J Y, Lu B L. Differential entropy feature for EEG-based emotion classification [J]. International IEEE/EMBS Conference on Neural Engineering, 2013: 81-84.

[141] Kumar Y, Dewal M L, Anand R S. Epileptic seizures detection in EEG using DWT-based ApEn and artificial neural network [J]. Signal, Image and Video Processing, 2014, 8 (7): 1323-1334.

[142] Zhang J，Wang N，Kuang H，et al. An improved method to calculate phase locking value based on Hilbert-Huang transform and its application [J]. Neural Computing and Applications，2014，24 (1)：125-132.

[143] Parvez M Z，Paul M. Epileptic seizure detection by analyzing EEG signals using different transformation techniques [J]. Neurocomputing，2014 (145)：190-200.

[144] Sharma R，Pachori R B. Classification of epileptic seizures in EEG signals based on phase space representation of intrinsic mode functions [J]. Expert Systems with Applications，2014：1106-1117.

[145] 张晋东，秦贵和，崔月. 基于 FastICA 和 SVM 的 EEG 信号分类系统 [J]. 计算机研究与发展，2009 (z1)：255-258.

[146] 徐宝国，宋爱国，费树岷. 在线脑机接口中脑电信号的特征提取与分类方法 [J]. 电子学报，2011，39 (5)：1025-1030.

[147] 张毅，罗明伟，罗元. 脑电信号的小波变换和样本熵特征提取方法 [J]. 智能系统学报，2012 (04)：339-344.

[148] 孟明，罗志增. 基于眼动辅助脑电信号的手部动作分类方法 [J]. 模式识别与人工智能，2012，25 (6)：1007-1012.

[149] 李明爱，崔燕，杨金福，等. 基于 HHT 和 CSSD 的多域融合自适应脑电特征提取方法 [J]. 电子学报，2013，41 (12)：2479-2486.

[150] 王登，苗夺谦，王睿智. 一种新的基于小波包分解的 EEG 特征抽取与识别方法研究 [J]. 电子学报，2013，41 (1)：193-198.

[151] 许敏鹏，张力新，明东，等. 基于 SSVEP 阻断与 P300 特征的混合范式脑-机接口 [J]. 电子学报，2013，41 (11)：2247-2251.

[152] 伏云发，徐保磊，李永程，等. 基于运动相关皮层电位握力运动模式识别研究 [J]. 自动化学报，2014，40 (6)：1045-1057.

[153] 林海波，龚路，张毅，等. 基于改进 HHT 和样本熵的脑电信号特征提取 [J]. 计算机工程与设计，2015，6 (36).

[154] Farwell La，Donchin E. Talking off the top head：A mental prosthesis utilizing event-related brain potentials Electroenceph [J]. Clin. Neurophysiol，1988，70 (6)：510-523.

[155] Hilit Serby，Elad Yom-Tov，et al. An Improved P300-based Brain Computer Interface [J]. IEEE Transactions on Neural System Engineering，2005，13 (1)：89-98.

[156] Middendorf M，MdMillan G，et al. Brain-Computer interface based on steady-state visual evoked responace [J]. IEEE Transcactions on Rehabilitation Engineering，2000，8 (2)：211-213.

[157] Cheng Ming，Gao Xiaorong，et al. Design and implementation of a brain computer interface with transfer rates [J]. IEEE Transactions on Biomedical Engineering，2002，49 (10)：1181-1186.

[158] Pfurtscheller G，Leeb R，Keinrath C，et al. Walking from thought Brain Res.，2006，107 (1)：145-152.

[159] Hochberg L, Serruya M, Friehs G, et al. Neuronal ensemble control of prosthetic devices by a human with tetraplegia Nature, 2006, 442 (7099): 164-171.

[160] Birbaumer Neurobiology N. Rain Man's revelations [J]. Nature, 1999, 399 (6733): 211-212.

[161] Fabiani G E, McFarland D J, et al. Conversion of EEG activity into cursor movement by a brain-computer interface (BCI) [J]. IEEE Transactions on Neural System Engineering A publication of the IEEE Engineering in Medicine & Biology Society, 2004, 12 (3): 331-338.

[162] Cincotti F, Mattia D, Babilloni C, et al. The use of EEG modifications due to motor imagery for brain-computer interface [J]. IEEE Trans Neural Syst Rehabil Eng, 2003, 11 (2): 131-133.

[163] Kostov A. Parallel man-machine training in development of EEG-based cursor control [J]. IEEE Transactions on Rehabilitation Engineering, 2000, 8: 203-205.

[164] 张贤达. 矩阵分析与应用 [M]. 北京: 清华大学出版社, 2020.

